원작 운빨용병단
운빨용병단은 2024년 출시 이래로 많은 사랑과 관심을 받아 온 타워 디펜스 게임, '운빨존많겜'의 배경이 되는 세계관입니다.

글 알에스미디어
종합 콘텐츠 창조기업을 표방하는 이야기꾼들의 모임입니다. 주된 분야는 웹소설 에이전시 및 웹툰 제작이며, 재미있는 이야기를 만드는 것을 업으로 삼고 있습니다. 주요 작품으로 한자 학습만화 <마법천자문> 시리즈, 웹소설로는 <악역의 딸은 가출을 계획합니다> 등이 있습니다.

그림 정수영
어린이를 위해 재미있고 유익한 만화를 다양한 그림체로 그리고자 노력하고 있습니다. 대표작으로는 <마법천자문>, <처음 읽는 그리스 로마 신화>, <무적 이순신>, <쿠키런 킹덤 전설의 언어술사> 등이 있습니다.

과학 콘텐츠 대치동 쏜쌤(김소환)
'고품질 교육의 대중화'를 위해 유튜브에서 '대치동 쏜쌤'으로 활동 중이며, 전국의 많은 학생들에게 과학을 쉽고 재미있게 공부할 수 있도록 도움을 주고 있습니다.

감수 111퍼센트
111퍼센트는 전 세계 1억 명 유저를 대상으로 캐주얼 게임을 개발 및 서비스 하고 있는 국내 게임 개발사로, 대표작으로는 <랜덤다이스>와 <운빨존많겜>이 있습니다.

기초 튼튼 통합과학 시리즈

2 지구와 힘

글 알에스미디어 | 그림 정수영
과학 콘텐츠 대치동 숀쌤 | 감수 111퍼센트

서울문화사

추천사

과학을 모험처럼 즐기자!
가장 쉬운 **통합과학** 입문서

'통합과학? 고등학교에서나 배우는 거 아냐?' 이제는 아닙니다! 고등학교 통합과학의 핵심 개념을 초등학생도 쉽게 이해할 수 있도록 풀어낸 특별한 과학 시리즈 〈운빨용병단 눈떠보니 과학〉!

이 책은 초등학생이 좋아하는 〈운빨용병단〉 캐릭터를 활용해 어렵고 복잡하게 느껴질 수 있는 고등 통합과학의 주제를 재미있는 스토리 속 과학 미션을 통해 자연스럽게 배울 수 있도록 구성했습니다. 고등학교 수준의 과학 개념을 초등학생 눈높이에 맞춰 설명하며 '과학은 어렵다'는 편견을 깨 줍니다.

'과학은 왜 공부해야 할까?', '이런 개념이 나한테 무슨 도움이 될까?' 이 책은 아이들이 이런 질문에 스스로 답을 찾을 수 있도록 도와줍니다. 운빨용병단의 흥미진진한 모험에서 과학의 원리를 발견하고, 학습 영상과 각 장 끝에 실린 개념 정리를 통해 학습 효과를 극대화합니다.

대치동에서 수많은 학생을 지도해 온 과학 전문 멘토 '숀쌤'의 검증된 콘텐츠로 과학에 첫발을 딛는 초등학생에게도, 선행 학습을 원하는 친구들에게도 쉽고 재미있는 최고의 통합과학 입문서가 될 것입니다.

대치동 숀쌤 **김소환**

2028 통합과학

💧 배우는 목적

통합과학은 초등학교, 중학교에서 배운 과학 지식과 탐구 활동을 바탕으로 미래를 살아가는 데 필요한 역량을 키우기 위한 과목입니다.
또한 물리·화학·생명과학·지구과학의 기초를 통합적으로 다루고, 문과·이과 과목을 나누지 않음으로써 과학 지식과 인문 지식의 융합으로 나아가 자연 현상을 보다 더 넓은 관점으로 바라볼 수 있습니다.

💧 내용

통합과학1

Ⅰ. 과학의 기초
- 시간과 공간 - 기본량과 측정
- 신호와 정보

Ⅱ. 물질과 규칙성
- 원소의 형성
- 화학 결합
- 지각과 생명체의 구성 물질
- 물질의 전기적 성질

Ⅲ. 시스템과 상호작용
- 지구시스템의 구성 요소와 상호작용
- 역학 시스템과 중력
- 생명 시스템과 세포 내 정보의 흐름

통합과학2

Ⅰ. 변화와 다양성
- 지질 시대의 환경과 생물
- 자연선택과 생물다양성
- 산화와 환원 반응 - 중화 반응
- 물질 변화에서 에너지 출입

Ⅱ. 환경과 에너지
- 생태계 구성 요소 - 생태계 평형
- 온실 효과와 지구온난화
- 태양·전기 에너지 - 에너지 전환과 효율

Ⅲ. 과학과 미래 사회
- 미래 사회 문제 해결 - 빅데이터
- 과학 기술과 과학 윤리

💧 공부 방법

연계 학습!
초등학교, 중학교
과학 교과서
내용의 연장선

흐름 중요!
한 단원의 내용
전체를 자연스러운
흐름으로 연결

이해 필수!
무작정 암기 NO!
앞뒤 내용을
이해하면서 습득

이 책의 특징

 **준비하라!
2028 수능 통합과학**

2028학년도 수능부터 새로 도입되는 통합과학의 핵심 개념과 흐름을 초등 눈높이에 맞춰 쉽고 재미있게 익힐 수 있습니다.

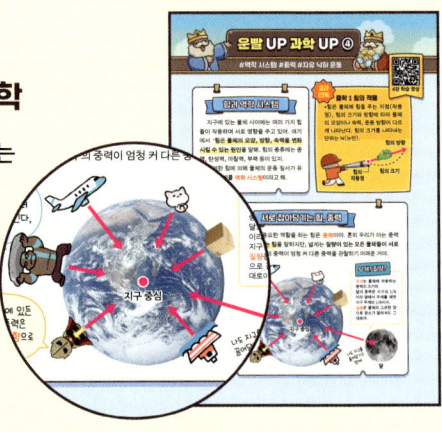

 **응용하라!
실험은 직접, 상식은 쏙쏙**

집에서 직접 따라 해 볼 수 있는 간단한 실험과 고등학교 통합과학을 미리 맛볼 수 있는 심화 상식을 본문만큼 재미있게 구성했습니다.

 **신뢰하라!
과학 전문가 집필 참여**

16년 교직 생활과 수년간의 대치동 학원에서의 강의 경험을 바탕으로 과학 전문 선생님이 직접 학습 원고를 집필했으며, 꼼꼼한 감수로 책의 완성도를 한층 강화했습니다.

잊지 말자!
예습과 복습 시스템

예습 본문을 읽기 전, QR코드를 스캔해 학습 영상을 보며 어떤 개념을 다루게 될지 미리 익힐 수 있습니다.

복습 본문을 읽은 후, 어떤 흐름으로 과학 내용을 배웠는지 한눈에 정리할 수 있습니다.

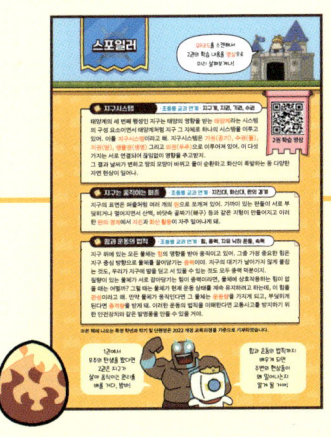

과학 지식 진~화!

각 장마다 학습 영상이 있어! QR코드를 스캔해 영상을 보면서 학습 페이지를 읽으면 효과 100배!!

등장인물

산적

| 일반 | 근거리 | 인간 |

운빨용병단을 모은 장본인.
거침없이 행동하는 편입니다.
마음씨가 착합니다.

와트

| 신화 | 근거리 | 인간 |

전기 실험을 좋아하는 괴짜.
자신의 연구를 완성하기 위해서라면
무슨 일이든 해냅니다.

밤바

| 신화 | 근거리 | 인간 |

신비의 푸른 액체를 마시고
강해진 원주민입니다.
귀여운 동물을 좋아합니다.

아이언미야옹

| 신화 | 원거리 | 동물 |

펄스 박사가 냥줍해서 그의
반려묘가 되었습니다. 건틀렛을
누르면 아이언미야옹으로 변신!

블롭

| 신화 | 근거리 | 악마 |

적을 처치할수록 공격력이
점점 강해지는 외계 전투 종족.
가끔 정신을 잃고 날뜁니다.

킹 다이안/개구리 왕자

| 신화 | 근거리 | 인간/동물 |

한때는 전설 속 왕국의 지배자였지만
지금은 개구리가 되었습니다. 하지만
운빨이 좋아 저주가 풀리면….

랜슬롯

| 신화 | 근거리 | 인간 |

전설의 갑옷을 입고 얼떨결에
최강의 기사가 되었습니다.
무척이나 정의로워요.

드래곤

| 신화 | 원거리 | 동물 |

레드 드래곤족의 마지막 후예.
갓 태어난 아기 드래곤입니다.
어리다고 얕보다간 큰일나요.

NEW!

맨트리

아르카디아
땅 공장의
공장장.

지니 박사

럭키 과학자의
후손이자
지질학자.

차례

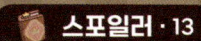 스포일러 · 13   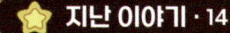 지난 이야기 · 14

WAVE 1
불행석의 발견 · 15
- 운빨 UP 과학 UP ① 지구시스템, 기권, 수권 · 32
- 럭키 과학 상식 지구시스템의 에너지원 · 36

WAVE 2
하늘 공장과 땅 공장 · 37
- 운빨 UP 과학 UP ② 생물권, 지권 · 52
- 럭키 과학 상식 무한한 물의 순환 · 54

WAVE 3
요르문간드를 깨워라! · 55
- 운빨 UP 과학 UP ③ 판 구조론, 판의 경계 · 82
- 럭키 과학 상식 지구의 위험한 비밀, 불의 고리 · 84

WAVE 4
9.8 타워를 향해 · 85
- 운빨 UP 과학 UP ④ 역학 시스템, 중력, 자유 낙하 운동 · 108
- 럭키 과학 상식 인공위성의 진실 · 110

WAVE 5
탈로스와의 만남 · 111
- 운빨 UP 과학 UP ⑤ 관성, 운동량, 충격량 · 130
- 럭키 과학 실험 빨대 바람총의 충격량 · 132

🏆 학습리뷰 · 133

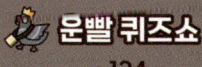 운빨 퀴즈쇼 · 134
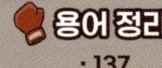 용어 정리 · 137
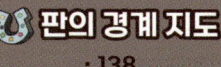 판의 경계 지도 · 138
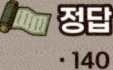 정답 · 140

QR코드를 스캔해서 2권의 학습 내용을 영상으로 미리 살펴보겠니!

지구시스템
· 초중등 교과 연계 · 지구계, 지권, 기권, 수권

2권 학습 영상

태양계의 세 번째 행성인 지구는 태양의 영향을 받는 태양계라는 시스템의 구성 요소이면서 태양계처럼 지구 그 자체로 하나의 시스템을 이루고 있어. 이를 지구시스템이라고 해. 지구시스템은 기권(공기), 수권(물), 지권(땅), 생물권(생명) 그리고 외권(우주)으로 이루어져 있어. 이 다섯 가지는 서로 연결되어 끊임없이 영향을 주고받지.
그 결과 날씨가 변하고 땅의 모양이 바뀌고 물이 순환하고 화산이 폭발하는 등 다양한 자연 현상이 일어나.

지구는 움직이는 퍼즐
· 초중등 교과 연계 · 지진대, 화산대, 판의 경계

지구의 표면은 퍼즐처럼 여러 개의 판으로 쪼개져 있어. 가까이 있는 판들이 서로 부딪히거나 멀어지면서 산맥, 바닷속 골짜기(해구) 등과 같은 지형이 만들어지고 이러한 판의 경계에서 지진과 화산 활동이 자주 일어나게 돼.

힘과 운동의 법칙
· 초중등 교과 연계 · 힘, 중력, 자유 낙하 운동, 속력

지구 위에 있는 모든 물체는 힘의 영향을 받아 움직이고 있어. 그중 가장 중요한 힘은 지구 중심 방향으로 물체를 끌어당기는 중력이야. 지구의 대기가 날아가지 않게 붙잡는 것도, 우리가 지구에 발을 딛고 서 있을 수 있는 것도 모두 중력 덕분이지.
질량이 있는 물체가 서로 잡아당기는 힘이 중력이라면, 물체에 상호작용하는 힘이 없을 때는 어떨까? 그럴 때는 물체가 현재 운동 상태를 계속 유지하려고 하는데, 이 힘을 관성이라고 해. 만약 물체가 움직인다면 그 물체는 운동량을 가지게 되고, 부딪히게 된다면 충격량을 받게 돼. 이러한 운동의 법칙을 이해한다면 교통사고를 방지하기 위한 안전장치와 같은 발명품을 만들 수 있을 거야.

※본 책에 나오는 특정 학년과 학기 및 단원명은 2022 개정 교육과정을 기준으로 기재하였습니다.

1권에서 우주의 탄생을 봤다면 2권은 지구가 살아 움직이는 원리를 배울 거다, 밤바!

힘과 운동의 법칙까지 배우게 되면 주변의 현상들이 왜 일어나는지 알게 될 거야!

지난 이야기

운빨용병단이 살고 있는 럭큐브 행성! 몬스터들이 태어나는 곳은 불행 지대야.

매지션은 마왕의 지시를 받아 불행석을 럭큐브 행성 곳곳에 뿌려 불행으로 물들이고자 해.

쏟아지는 몬스터들의 침입으로부터 운빨 왕국을 지키던 운빨용병단! 바로 그때 왕국 상공에 마왕의 부하, 매지션이 나타나 용병단을 향해 광선을 쏜다. 용병단이 정신을 차리고 보니 그곳은 '아르카디아'라는 관광 행성이었다.

운빨용병단은 숲속에서 만난 전구 인간이 가리킨 건물로 향한다. 건물에는 어려워진 과학 미션에 실패해 행성을 탈출하지 못하는 관광객들로 가득했다. 용병단은 관광객을 돕기 위해, 그리고 자신도 럭큐브로 돌아갈 방법을 찾기 위해 길을 나선다.

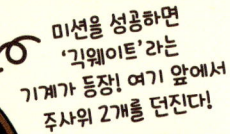

미션을 성공하면 '긱웨이트'라는 기계가 등장! 여기 앞에서 주사위 2개를 던진다!

미션을 하나하나 진행하던 중 도착한 곳은 탄소 마을. 탄소 마을 촌장은 용병단에게 자신들을 괴롭히는 규소 마을을 혼내 주고 오라고 말한다. 하지만 규소 마을에 도착한 용병단은 규소 마을 주민들로부터 탄소 마을이 먼저 공격했다는 말을 듣게 된다. 규소 마을의 광물 노인은 오해를 풀기 위해 용병단에게 자신과 함께 탄소 마을로 가 달라고 부탁을 하는데….

덜커덩덜커덩- 블롭블로옵!

규소 마을과 얼마 떨어지지 않은 곳의 어둑한 숲속.

암석 늑대가 이끄는 마차는 돌길을 내리닫고 있었다.

마차의 속도는 점점 빨라졌고 그만큼 비명 소리도 커졌다.

그중 제일 크게 괴성을 지르는 범인은 바로⋯.

"밤바, 엉덩이에 불날 것 같다!"

지금으로부터 반나절 전 규소 마을.

부디 나와 함께 같이 가 주면 좋겠네만….

나 혼자 탄소 마을을 가게 되면 공격받을 것 같아서 말이지.

규소 마을 광물 노인
운빨용병단이여, 내가 규소 마을 대표로 탄소 마을에 가겠네. 나를 탄소 마을까지 안내해 주게나.
▶ 퀘스트를 수락하시겠습니까?

탄소 마을 촌장
운빨용병단이여, 우리 탄소 마을을 괴롭히는 규소 마을을 혼내 주소서. 한때는 두 마을의 평화를 바랐으나 더 이상은 기다릴 수 없소.
▶ 퀘스트를 수락하시겠습니까?

새로운 미션이 생긴 셈인데…. 이 의뢰를 받으면 탄소 마을 미션은 자동 실패일까?

블로옵~

속닥 속닥

하지만 서로 오해하고 있다는 걸 알게 된 상황에서 모르는 척 할 수는 없다.

그런데 우리가 타고 왔던 마차가 부서져서 걸어가려면 한참 걸릴 걸.

히힝!

걱정 말게. 우리 마을만의 스페셜★마차가 있으니까.

그렇게 해서 운빨용병단은 광물 노인과 함께 마차를 타고 탄소 마을을 향해 가고 있었다.

"돌 의자라서— **으앗!** 엉덩이가 아프군…!"

"블로옵~! 블롭블롭!"

암석 늑대가 빠르게 달리는 만큼 용병단의 몸은 크게 들썩거렸다. 유일하게 부동의 자세로 앉아 있는 광물 노인은 바깥을 바라보며 입을 열었다.

"탄소 마을 사람들은 정말 우리가 먼저 그들을 공격했다고 생각하는 겐가?"

"실은 저희도 암석 거인과 늑대의 공격을 받았어요."

산적은 광물 노인에게 자신들이 새싹 미션에서 겪었던 이야기를 해 주었다. 암석 말벌, 소라게, 거인 그리고 늑대까지….

"그런데 지금 마차를 끌고 있는 늑대는 순하다! 뭔가 이상하긴 하다, 밤바!"

"…음? 잠시만! 길도 이상하네만."

운빨용병단의 이야기를 듣고 있던 광물 노인은 고개를 갸웃거리며 킹 다이안이 들고 있던 지도를 급히 살펴보았다.

"이런…! 지도를 거꾸로 보고 있었다니!"

광물 노인은 킹 다이안이 들고 있던 지도를 거꾸로 **휙** 뒤집어 바로잡았다.

"다들 째려보지 마. 방위표가 없었어! 그리고 사방이 암석이라 헷갈렸다고―!"

"어쩔 수 없군. 옛날에 우리 조상들이 만든 지하 통로로 가세. 오래되어 길이 정돈되어 있을지는 모르겠지만…."

광물 노인의 안내에 따라 암석 늑대는 방향을 틀었다. 얼마 지나지 않아 거대하고 장엄한 지하 통로 입구가 나왔다.

"바로 이곳이 지하 통로일세."

"방금 입구에 있던 석상을 혹시 우주 탄생 마을에서 보았나?"

"봤습니다. 아이언미야옹과 제가 부수…."

"그곳에 있는 석상은 아르카디아가 관광 행성이 된 것을 기념하여 우리 조상들이 만든 특별 석상 1호라네~! 그런데 무슨 말을 하다 말지 않았는가?"

"아닙니다. 눈부시게 멋있었다는 말을 하려 했습니다."

"먀먀—!"

랜슬롯과 아이언미야옹은 엄지를 **척** 들었다. 그 모습을 본 나머지 일행은 산산조각으로 깨졌던 석상을 떠올리며 고개를 절레절레 저었다. 그런데 그 순간…!

끼이이익—!

"끄으으아아아아악—!"

거침없이 질주하던 암석 늑대가 갑자기 **우뚝** 멈춰 섰고, 용병단과 광물 노인은 마차 안에서 뒤엉켜 넘어졌다.

 "우린 어떤 과학자의 도움을 받아 **암석 로봇**을 만들었네. 어두운 지하 통로를 암석 늑대나 거인이 홀로 지키게 하려니 마음이 아파 개발하기 시작한 거지. 자네들이 새싹 미션에서 만났던 암석 거인과 늑대도 로봇이네!"

 "그런데 왜 다시 저 암석 로봇의 전원이 켜졌냐, 밤바?"

 "…무슨 소리지? 나는 리모컨을 건들지 않았네만!"

 운빨용병단과 광물 노인이 대화하는 사이, 암석 로봇은 아까보다 훨씬 더 붉은빛을 발하며 그들에게 다가오고 있었다.

 "영감님! 도망칩니까, 아니면 싸울 겁니까!"

 금방이라도 암석 로봇의 에너지를 흡수할 것처럼 청소기를 바짝 든 와트가 광물 노인을 향해 물었다.

 "…부탁하네."

 광물 노인의 말이 끝나자마자 용병단은 마치 한 몸이 된 것처럼 일사불란하게 자신들의 주특기를 펼쳤다.

엄청난 힘과 팀워크야! 저들의 실력이라면 이상해진 아르카디아를 돌려놓을지도…!

생명을 불어넣는 건 아주 정교한 기술이네. 자연의 시스템에 어긋날 수 있거든.

생명체, 땅, 바다, 하늘 그리고 우주…. 이 모든 것이 서로 영향을 주고받으며 이 행성을 이루고 있으니까.

"하지만 이 로봇의 과도한 에너지가 자연의 균형을 깨 버렸네."

부서진 암석 로봇의 잔해를 뒤적거리던 광물 노인은 이내 무엇인가를 들어 보였다.

"누군가 암석 로봇을 개조해서 없던 공격 기능을 추가했구먼. 이것 때문에 마을끼리 오해를 일으킨 걸세!"

"저건 **불행석**—!"

예상치 못한 상황에 운빨용병단은 모두 소스라치게 놀랐다.

"이게 무엇인지 알고 있나? 나는 처음 보는 광물인데…."

"영감님, 위험한 물건이니 저희에게 주세요."

산적은 광물 노인으로부터 깨진 불행석을 건네받았다.

"이젠 진실을 알았으니 서둘러 탄소 마을로 가자!"

와트의 말에 다들 고개를 끄덕이며 암석 마차에 올라탔다.

이 모든 일이 **매지션**과 연관되어 있을 것이라는 의심이 확신으로 변한 순간이었다.

동이 틀 무렵이 되어서야 용병단 일행을 태운 마차는 탄소 마을에 다다랐다. 오랫동안 쉼 없이 마차를 끌고 온 암석 늑대는 마을 정문 앞에 **풀썩** 주저앉았다. 용병단이 마차에서 내려 '수고했다'며 늑대의 머리를 쓰다듬어 주려던 그때…!

순식간에 아수라장이 될 뻔한 분위기를 막은 것은 다름 아닌 탄소 마을 촌장과 광물 노인이었다.

"…여기까지 오는데 너무 오랜 시간이 걸렸구먼."

"자네 마을의 암석 괴물이 우릴 공격하지만 않았어도…."

탄소 마을 촌장은 말하는 중에도 암석 늑대를 경계했다.

"암석 괴물들이 우릴 괴롭혔다고요!"

어느 틈에 마을 입구에 탄소 주민들이 **웅성웅성** 모이더니, 여기저기서 소리를 외치기 시작했다.

"잠시만요! 모두들… 이걸 보세요!"

이목을 집중시킨 산적은 주머니에서 불행석 파편을 꺼냈다.

"이게 암석 로봇의 오작동을 일으켰어요! 확실해요!"

산적은 불행석 파편을 더 높이 **척!** 쳐들었다. 마치 촌장뿐 아니라 여기 모인 탄소 주민들에게도 보여 주려는 듯이.

"우리도 처음 보는 광물일세. 규소 마을 바깥에 있던 암석 로봇들에 누가 몹쓸 짓을 한 게야."

광물 노인은 곤히 잠든 암석 늑대를 어루만지고는 탄소 마을 촌장에게 가까이 다가가 고개를 숙였다.

"하지만 관리를 제대로 하지 못한 우리의 잘못도 있네. 사태를 정확히 파악하려고 하지 않았지…. 내가 규소 마을을 대표해서 사과를 하고 싶네. 사과를 받아 주겠나…?"

탄소 마을 주민들 사이의 웅성거림이 잦아들었다. 용병단은 침을 꼴깍이며 촌장과 광물 노인을 번갈아 보았다. 바로 그때 아이언미야옹이 밤바의 어깨에서 **사뿐~히** 뛰어내리더니….

굳은 표정을 짓고 있던 탄소 마을 촌장은 한순간 온화한 미소를 품었다. 촌장은 광물 노인에 다가가 두 손을 맞잡았다.

"우리 탄소 마을도 공포감에 사로잡혀 소문이 과해졌던 것 같소. 함께 힘을 합쳐 이 문제를 해결합시다!"

"세상에…! 긱웨이트를 아주 오랜만에 보는구려!"

광물 노인과 탄소 마을 촌장은 기뻐하며 박수를 쳤다.

"아르카디아가 이상해진 후 미션을 성공한 사람들이 별로 없지 않았는가…! 아무튼 축하하네! 드디어 첫 번째 줄은 끝난 걸세~!"

신나서 뛰어다니던 용병단은 촌장의 말을 듣고 멈칫했다.

"…첫 번째 줄이요?"

"우리 두 마을 말고 다른 곳에서도 문제들이 일어나고 있을 게야. 아르카디아는 자네들의 힘이 필요하네!"

"여긴 우리에게 맡기고 얼른 다음 장소로 떠나세요!"

광물 노인과 탄소 마을 촌장은 흔들림 없는 눈빛으로 운빨용병단을 바라보며 말했다.

그 말에 굳게 약속하듯 운빨용병단은 고개를 크게 끄덕이며 주사위가 만든 통로 속으로 하나둘 들어갔다.

운빨 UP 과학 UP ①

#지구시스템 #기권 #수권

1장 학습 영상

시스템이란?

하나의 큰 기능을 해내기 위해 서로 **상호작용**하는 여러 **구성 요소**들이 모여 이루어진 집단 혹은 공간을 **시스템**(system, 系系)이라고 해. 시스템을 구성하고 있는 요소들은 끊임없이 서로 영향을 주고받아서 다양한 현상이 나타나게 돼. 시스템에는 <u>태양계</u>, <u>지구시스템</u>, <u>역학 시스템</u>, <u>생명 시스템</u> 등이 있지.

※ 태양과 행성의 실제 크기 및 거리 비율을 고려하지 않았습니다.

태양계

*태양과 태양 중력의 영향을 받아 태양 주위를 공전하는 8개의 *행성, *왜소 행성, *소행성, 혜성 등으로 이루어진 시스템.

💬 지구는 태양계의 구성 요소이자, 지구만의 시스템을 가지고 있어!

해왕성
천왕성
토성
목성
화성
지구
금성
수성
태양

교과 연계 초등 4-2 밤하늘 관찰, 중학 1 태양계

- ***태양**: 태양계에서 스스로 빛을 내는 천체.
- ***행성**: 태양 주위를 도는 둥근 천체.
- ***왜소 행성**: 태양 주위를 돌지만 다른 천체를 끌어당길 정도의 중력을 갖지 못한 천체.
- ***소행성**: 화성과 목성 사이의 궤도에서 태양을 공전하는 작은 행성.

지구시스템

태양계처럼 지구도 지구만의 시스템을 이루고 있어. **지구시스템**은 **기권, 수권, 지권, 생물권, 외권**으로 구성되어 있지. 이렇게 지구를 구성하는 요소들은 서로 영향을 주고받으면서 지구가 잘 돌아가도록 해! 이 과정에서 다양한 자연 현상이 나타나고 에너지의 이동이 일어나지.

외권: 기권 바깥의 우주. 태양 에너지는 광합성 등에 쓰이고 달은 밀물과 썰물에 영향을 준다.

이 5가지 구성 요소들은 서로 영향을 주고받아!

기권: 지구를 둘러싸고 있는 공기.

생물권: 사람, 동물, 식물, 미생물 등 지구에 사는 모든 생명체.

지권: 암석과 흙으로 이루어진 지구의 딱딱한 겉 부분과 지구의 내부.

수권: 바다, 강, 호수, 빙하, 땅속의 물까지 지구에 있는 모든 물.

교과연계: 초등 3-2 지구와 바다 / 중학 2 지권의 변화

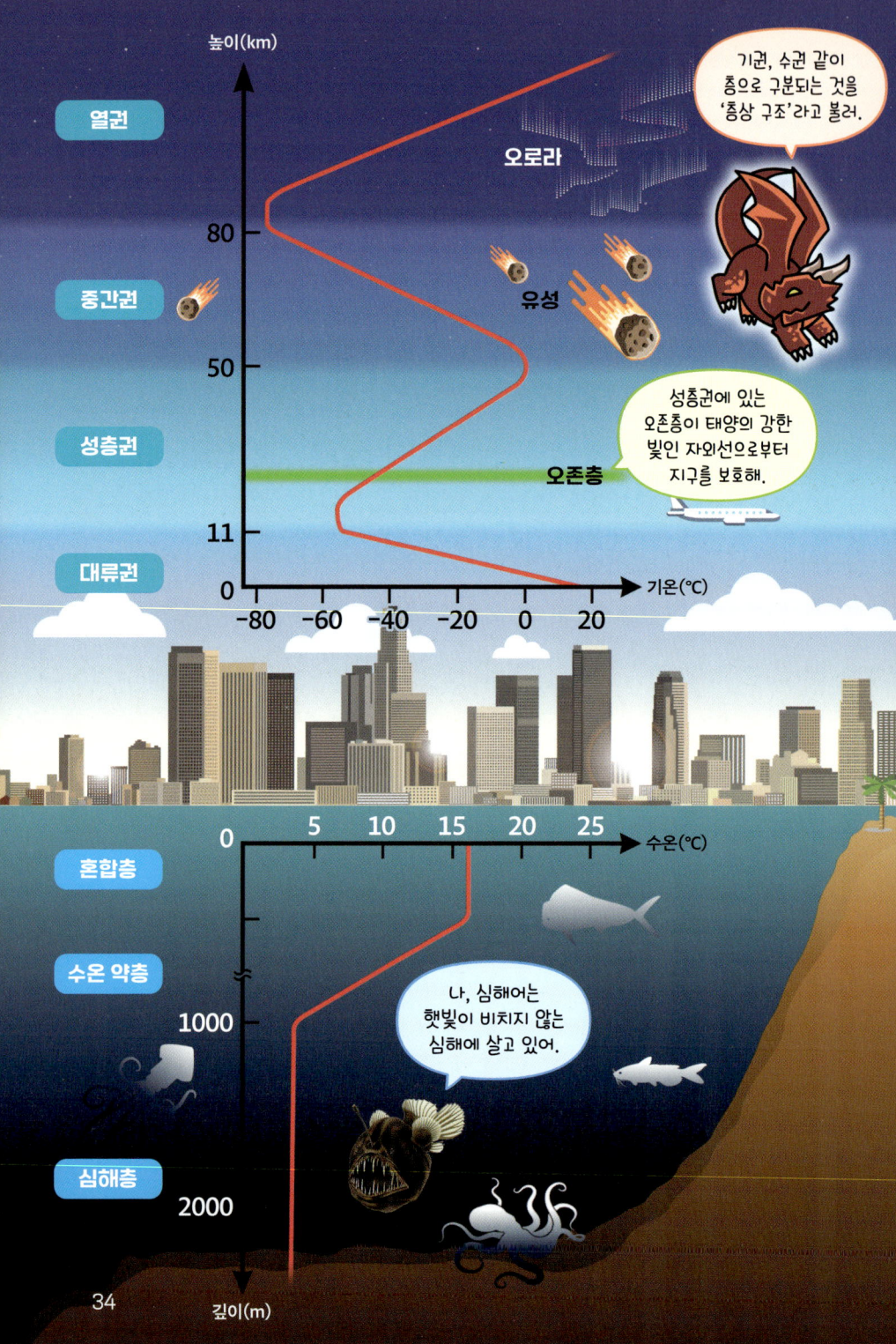

기권

지구를 둘러싼 공기의 층이야. 기권은 지표면으로부터 높이 약 1,000km까지 있어. **높이에 따른 기온의 변화**에 따라 4개의 구역으로 구분해.

열권
높아질수록 기온은 UP↑
공기가 엄청 희박한 구간. 낮과 밤의 기온 차가 크다. 오로라를 볼 수 있다.

중간권
높아질수록 기온은 DOWN↓
수증기가 거의 없어서 기상 현상이 나타나지 않는다. 유성이 관측된다.

성층권
높아질수록 기온은 UP↑
*대류가 일어나지 않는 안정한 층으로 비행기가 이곳에서 날아다닌다.

대류권
높아질수록 기온은 DOWN↓
수증기가 있어서 *구름이 만들어져 비, 눈, 바람 등의 기상 현상이 일어난다.

교과연계: 초등 5-2 날씨와 우리 생활, 중학 3 날씨와 기후변화
*구름: 물방울이 모여 하늘에 떠 있는 것.

중학 1 열
*대류: 물질을 구성한 입자가 직접 이동하면서 열을 전달하는 현상. 뜨거운 입자는 위쪽으로, 차가운 입자는 아래로 이동한다.

아래쪽에 뜨거워진 물 입자가 위쪽으로 올라간다.

수권

지구의 표면에서 물이 차지하는 부분이야. 수권의 약 97%는 *해수야. 해수는 **깊이에 따른 물의 온도(수온) 변화**에 따라 3가지 층으로 구분해.

혼합층
햇빛을 잘 받아서 따뜻한 층. 바닷물이 바람에 뒤섞여 깊이에 상관없이 수온이 거의 일정해.

수온약층
햇빛이 닿는 양이 점점 적어져서 깊어질수록 수온이 낮아지는 층. 혼합층과 심해층 사이의 에너지와 물질이 교환되는 것을 차단해.

심해층
아주 깊은 바닷속. 깊이에 따른 수온 변화가 없어. 햇빛이 닿지 않아 엄청 차갑고 어두운 곳이야.

교과연계: 초등 3-2 지구와 바다, 중학 3 수권과 해수의 순환
*해수: 짠맛이 나는 바닷물.
*해수의 표면은 태양 에너지를 받아 수온이 높지만, 깊은 곳은 태양 에너지의 흡수량이 감소해 수온이 낮다. 이렇게 깊이에 따라 온도가 다른 것을 '**연직 수온 분포**'라고 부른다.

럭키 과학 상식

지구시스템의 에너지원

날씨와 계절이 바뀌고, 비와 눈이 내리고, 땅의 모양이 변하는 것과 같이 지구에서 **다양한 자연 현상**이 일어나는 이유는 무엇일까? 바로 태양과 달, 지구의 에너지가 지구시스템에 영향을 주기 때문이야.

태양 에너지

- 태양에서 오는 에너지.
- 지구시스템의 에너지원 중 가장 중요!
- 지구의 *자전으로 낮과 밤이 생기고, *공전으로 계절이 변화 → 생물권, 지권에 크게 영향을 줌.
- 태양빛 → 기권, 지권, 수권에 흡수되어 날씨의 변화가 일어남. → 물은 지권에서 *풍화, 침식 작용을 일으켜 다양한 지형을 만듦.
- 태양빛 → 수권의 해수가 태양 에너지를 저장해 지구의 온도를 일정하게 유지.

지구 내부 에너지

- 지구 내부에 있는 우라늄, 칼륨, 토륨 등의 방사성 원소가 붕괴하면서 방출되는 에너지.
- 화산 활동과 지진 등으로 땅의 모양을 바꿈.

조력 에너지

- 달과 태양이 끌어당기는 힘(=인력)으로 생기는 에너지.
- 밀물과 썰물이 일어나 해안 지형과 생태계에 영향을 줌.

***자전**: 기울어진 자전축을 중심으로 하루에 한 바퀴씩 회전하는 현상.
***공전**: 태양 주위를 일 년에 한 바퀴씩 회전하는 현상.
***풍화**: 물, 공기 등의 영향으로 암석이 부서져 모래, 흙으로 분해되는 현상.

"이게 대체 며칠째냐, 밤바!"

햇살이 눈부시게 내리쬐고 확 트인 백사장에 잔잔하게 부서지는 파도가 일렁이고 있는 이곳은… 바로 바닷가. 여름 방학 휴가철에 오기 딱 좋은 그런 휴양지였다.

그런데 밤바의 요란한 외침을 시작으로 나머지 용병단 일행도 구시렁구시렁 불평을 늘어놓기 시작했다.

그도 그럴 것이 탄소 마을을 떠나 여기에 온 지 벌써 나흘이나 되었기 때문인데….

도착한 첫째 날, 운빨용병단은 다음 미션을 대비해 충분히 휴식을 취하는 것이 좋을 것 같아 그날만큼은 모두가 마음 놓고 재미있게 지냈다.

둘째 날, 무인도를 샅샅이 둘러보며 미션을 찾아다녔다.

셋째 날에는 다른 곳으로 이동할 수 있는지 드래곤이 하늘을 날아 보았지만, 정체 모를 투명한 벽에 부딪혀 이 지역을 벗어날 수 없음을 알게 되었다.

그리고 넷째 날인 지금. 운빨용병단은 저 멀리 수평선을 바라보며 해변가에 동그랗게 모여 앉았다. 이리저리 걸어 다니는 아이언미야옹을 제외하고!

"먀먀~ 미야옹!"

갑자기 아이언미야옹은 모래를 **벅벅** 파내기 시작했다.

"왜 그러냐, 밤바! 혹시 화장실이 급한가!"

밤바는 곧바로 아이언미야옹 곁으로 갔다. 그런데 그 주변 바닥에서 미세한 떨림이 느껴졌다.

"여, 여기에서 진동이 느껴진다, 밤바!"

"뭐? 지난번처럼 또 바닥이 폭발하는 건 아니겠지—!"

킹 다이안의 말을 듣고 모두가 자리에서 벌떡 일어났다.

"먀먀먀캬아아악…!"

아이언미야옹은 등의 털을 부풀리며 **폴짝** 뒷걸음쳤다.

그와 거의 동시에 땅에서…!

드디어 섬을 탈출한다는 생각에 용병단은 서둘러 로켓에 올라탔다. 로켓 내부는 덩치가 큰 밤바와 드래곤까지 편하게 탈 수 있을 정도의 넓은 공간이었다.

"그럼 이번엔 누가 주사위를 던지지?"

랜슬롯은 품에서 주사위를 꺼내 용병단을 향해 물었다.

"내가 던지고 싶다, 밤바!"

이전에 아이언미야옹의 갑작스러운 난입(?)에 주사위를 던지지 못했던 밤바가 손을 번쩍 들었다. 랜슬롯은 잠시 주저하다 밤바에게 주사위를 건넸다.

"던진다~ 밤~바!"

입력 완료! 목적지로 출발합니다!

운빨용병단은 비틀거리며 로켓 밖으로 나왔다. 얼마나 충격이 컸는지 킹 다이안은 개구리 왕자로 변해 있을 정도였다!

"엄청 재미있다! 한번 더 타고 싶어~!"

그나마 제일 어린 드래곤만 펄쩍 뛰며 좋아했다.

"일단… 저 건물로 들어가야겠… 우욱."

입을 틀어막으며 휘청거리는 산적의 뒤를 따라 용병단은 건물 안으로 들어갔다. 그곳에는 전원이 켜져 있는 긱웨이트와 낙하산이 여러 개 있었다.

"…낙하산이군. 제발 뛰어내리는 미션은 아니길!"

랜슬롯이 낙하산에 쌓인 먼지를 손으로 닦는 동안 그 옆에서 와트는 질린다는 듯 고개를 세차게 저었다.

"…드래곤, 우리 업어 주면 안돼?"

산적과 블롭은 드래곤 옆으로 슬금슬금 다가갔다. 드래곤은 날개를 퍼덕이며 둘을 밀쳐 냈다.

"그럼 내가 먼저 해 보겠다, 밤바! 대신 나 이것 좀 해 줘라!"

낙하산 하나를 집어 든 밤바가 와트에게 다가갔다. 와트는 침착하게 밤바가 낙하산 착용하는 것을 도와줬다.

"아이언미야옹도 내가 안고 가겠다, 밤바!"

"…먀먀먀먀먀먀! 먀먀먀먀!"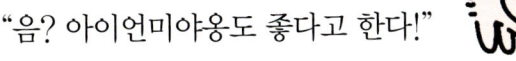

"음? 아이언미야옹도 좋다고 한다!"

"아닌 것 같은…."

"그럼 출발이다, 밤바!"

밤바의 품에 안긴 아이언미야옹의 눈에 닭똥 같은 눈물이 살짝 보이는 듯했지만 이미 밤바가 뛰어내린 후였다.

떨어졌어야 할 밤바가 공중에 **두둥실** 떠 있었다!

"밤바, 안전하다! 천천히 밑으로 내려가면 될 것 같다!"

밤바는 몸의 방향을 아래로 바꿔 마치 수영하듯 한 손으로 -나머지 한 손으로는 아이언미야옹을 안고 있었기에- 팔을 휘저었다. 그러더니 천천히 몸이 아래로 움직이기 시작했다.

"좋아! 우리도 가 보자고~!"

나머지 용병단도 낙하산을 메고 점프대에서 뛰어내렸다.

"여기에서 무중력 상태를 경험할 줄이야…! 야호~!"

마치 마녀가 빗자루에 타듯 와트는 자신의 청소기 위에 올라탔다. 와트를 마지막으로 모두가 미션 공간으로 들어서자 긱웨이트에서 음성 안내가 들려왔다.

다행히 운빨용병단이 착용한 모든 낙하산은 제대로 펼쳐져 매우 완만하게 하강했다. 저마다 중심을 잡으며 속도를 조절해 안정을 되찾았다. 드래곤은 날 수 있어서 낙하산을 따로 펼치지는 않았지만!

그렇게 지상에 가까워지고 있을 때쯤 용병단의 눈에 연기를 내뿜는 거대한 구조물이 드러났다. 구불구불 굽은 파이프와 증기를 뿜어내는 굴뚝이 가득한 공장이었다.

"누군가 우릴 보고 손을 흔들고 있어—!"

개구리 왕자의 말처럼 안전모를 쓴 누군가가 공장 앞에서 용병단을 향해 팔을 **휙휙** 흔들며 고함을 지르고 있었다.

"여~기~로~ 오~세~요~! 라고 하는 것 같다, 밤바!"

"좋다! 모두들 저곳으로 착지 준비!"

운빨용병단은 모두 낙하산의 조종줄을 당겨 공장 쪽으로 방향을 틀었다. 그런데 어째 가까이 갈수록 들려오는 외침은….

"여기는 안 돼—!"

운빨용병단은 공장을 아슬아슬하게 비껴가 무사히 착지했다. 용병단은 **꼬물꼬물** 낙하산을 벗었다.

"여기로 착지하지 말라고 그렇게 소리를 질렀건만…!"

용병단을 향해 고래고래 소리를 질렀던 안전모를 쓴 인물은 어느새 용병단 곁으로 다가와 파르르 성을 내고 있었다.

 "땅 공장은 아르카디아의 내부 및 *지질 활동을 연구하고 관찰하는 곳입니다. 아르카디아가 관광 행성이 되면서 테마 관광지로도 운영 중인 복합 시설이 되었지요.
 아르카디아는 태양 에너지, 대기, 땅, 물 그리고 생명체가 있다는 점에서 지구시스템과 99% 흡사했습니다. 아! 아르카디아와 지구의 내부 구조는 99.9% 일치한다는 관찰 결과도 있지요. 그래서 지구가 너무 멀어 지구를 가지 못하는 외계 관광객들이 이곳을 많이 놀러 와 주셨습니다."

*지질(地質): 지각을 이루는 여러 가지 암석이나 지층의 상태.

"어쩌면 럭큐브도 지구라는 곳과 비슷할지도 몰라…!"

맨트리 공장장의 말을 들은 와트가 눈빛을 반짝였다.

"제가 듣기론 어려워진 과학 미션에 성공하지 못하고 이상한 일에 휘말리게 된 관광객들이 많아지면서 하늘 공장부터 관광객의 발길이 뚝 끊겼다고 하더군요…."

맨트리 공장장은 자신의 안전모를 매만지며 말을 이었다.

"그리고 비슷한 시기에 **요르문간드**의 움직임도 멈췄고요."

"요르문간드요?"

"아르카디아 땅속 깊숙이 살고 있는 거대한 마그마 뱀, 요르문간드입니다. 저희 땅 공장이 관찰하고 있어요.

요르문간드가 움직이면서 지진과 화산 활동을 일으켜 아르카디아 내부 에너지를 땅 밖으로 분출시켜요. 마치 지구처럼요!"

공장장의 말이 끝나자마자 산적이 손을 번쩍 들었다.

"질문이요! 화산 폭발이나 지진이라면 위험하지 않나요?"

"물론 많은 피해를 입히기도 합니다만, 반대로 행성의 에너지가 멈춰 있으면 그건 오히려 더 큰 화를 불러일으키게 되지요. 생명력이 있는 모든 것은 계속 움직여야 해요."

맨트리 공장장은 잠시 말을 멈추고 고개를 푹 숙였다.

"하지만… 지금 요르문간드의 움직임이 멈췄…."

[경고! 경고! VEI-8급 위험 감지!]

"공장장님! 큰일 났어요!"

갑자기 공장 전체에 사이렌이 시끄럽게 울리기 시작하더니, 연구원으로 보이는 사람이 맨트리 공장장 앞으로 **헐레벌떡** 뛰어왔다.

"VEI-8급 화산 활동입니다…! 위험해요!"

"결국 터지고야 말았군…! 얼른 이 관광객들과 연구원들을 대피시켜야 해! 지금 당장 최고 경계경보를 발령하게!"

공장장은 다급하게 주위를 둘러보며 무전기를 꺼내 들었다.

"공장장님! 무슨 일이 일어난 겁니까!"

랜슬롯의 물음에 공장장은 몸을 덜덜 떨며 큰 소리로 외쳤다.

"초거대 화산이… 폭발할 거야!"

운빨 UP 과학 UP ②

#생물권 #지권

2장 학습 영상

생물권

생물권은 지구에 살고 있는 모든 생명체와 생명체가 살아가는 생태계를 말해. 사람과 동물, 식물, 미생물까지 모두 포함하지. 생명체는 지권, 수권, 기권에 걸쳐 넓게 분포하고 있어. 식물의 광합성과 생물의 호흡으로 기권의 성분을 변화시켜.

생태계

어떤 환경에서 살아가는 다양한 생물들과 빛, 물 등과 같이 생물을 둘러싼 환경을 모두 포함하는 환경.

▲자이언트판다

▲돌고래

▲다양한 식물들

▲짚신벌레

생물권 덕분에 지구가 더욱 생명력이 넘치고 아름다워 보이는구먼!

교과 연계
초등 3-1 동물의 생활, 식물의 생활
초등 4-1 다양한 생물과 우리 생활
초등 4-2 생물과 환경
중학 1 생물의 구성과 다양성

*생태계의 구성 요소: 생물 요소(살아 있는 동식물)와 비생물 요소(공기, 햇빛, 흙, 물 등)로 이루어져 있다. 이 두 요소가 서로 영향을 주고받고 있다.

지권

지권은 **지구의 딱딱한 표면과 내부**야. 땅, 산, 흙, 화산, 마그마 같은 것들이 다 지권에 속해. 물질의 **물리적 상태와 화학적 성분**에 따라 지각, 맨틀, 외핵, 내핵으로 구분해. 지각과 맨틀은 비교적 가벼운 규산염 광물로 이루어져 있고, 외핵과 내핵은 무거운 철과 니켈 등의 물질로 이루어져 있어.

지각
고체 상태
암석으로 이루어진 지구의 껍데기. 대륙 지각과 해양 지각으로 구분해.

맨틀
고체 상태(유동성 고체)
지구 전체 부피의 80%를 차지하는 층. 뜨거운 돌덩어리들이 천천히 움직여서 화산이나 지진이 발생해.

외핵
액체 상태
철과 니켈이 녹아 흐르고 있어서 **지구 *자기장**을 만들어 줘.

내핵
고체 상태
지구의 가장 안쪽. 외핵처럼 철과 니켈로 이루어져 있어.

외핵에서 형성되는 지구 자기장이 생명체와 대기에 해로운 태양풍으로부터 지구를 보호해!

▲태양풍을 막는 지구 자기장

교과 연계

중학 2 지권의 변화
*지권의 층상 구조: 지각, 맨틀, 외핵, 내핵의 4개 층으로 이루어져 있다.

중학 2 전기와 자기
*자기장: 자석과 자석 사이에 작용하는 힘(=자기력)이 작용하는 공간.

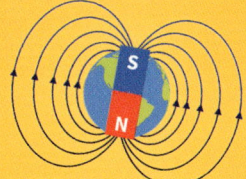

지구는 커다란 자석인 셈!

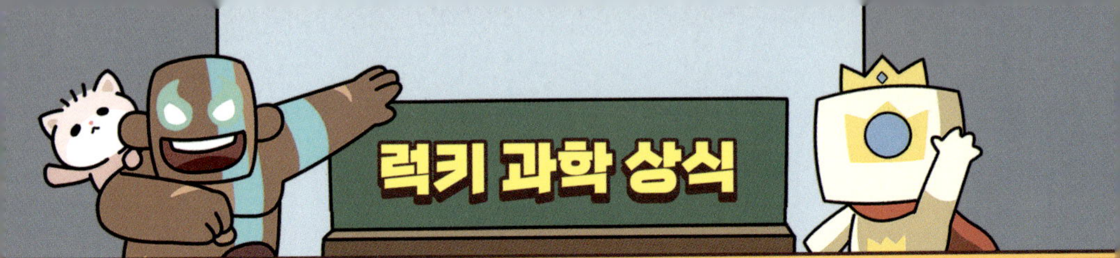

럭키 과학 상식

무한한 물의 순환

지구시스템 안에서 물은 멈추지 않고 계속 움직이며 순환을 해. 이러한 과정을 **물의 순환**이라고 불러. 물은 **고체(눈), 액체(바닷물, 강, 비 등), 기체(수증기) 상태**로 변하면서 지권, 수권, 기권을 순환해. 이렇게 물이 순환을 할 수 있는 힘은 바로 **태양 에너지** 덕분이지. 먼저 액체 상태인 수권과 지권의 물은 태양 에너지를 흡수해 기체인 수증기가 되어 기권으로 이동해. 기권으로 올라간 수증기는 에너지를 내보내면서 다시 액체인 물로 응결해 구름이 돼. 이 구름에서 비나 눈이 내려 다시 지권, 수권, 생물권으로 돌아오게 돼. 이때 물은 지하수나 빙하가 되거나 강, 바다로 다시 이동하게 되는 거야. 이처럼 물의 순환 과정에서 지권, 기권, 수권으로 들어오는 물의 양과 흘러 나가는 물의 양은 같아서 **지구시스템에서 물의 전체 양은 일정하게 유지되고 있어.**

태양 에너지

구름

응결 수증기(기체)가 물방울(액체)로 변해 구름이 돼.

강수 비나 눈이 땅으로 내려.

물이 흘러내려.

증발 물의 표면(액체)이 수증기(기체)로 변해!

육지의 물

바다

땅속에 물이 스며들어.

지하수는 바다로 흘러가.

교과 연계
초등 4-1 물의 상태 변화
중학 1 물질의 상태 변화
중학 3 날씨와 기후변화

"아아! 여러분, 잠시 주목해 주십시오!"

여기는 공장 내 위치한 벙커. 운빨용병단과 한두 명의 관광객 그리고 연구원들이 웅성거리며 모여 있다. 맨트리 공장장은 그 중심에서 박수를 치며 그들의 이목을 끌었다.

"아시다시피 요르문간드가 몇 주째 움직임을 멈췄습니다. 그래서 그 주변의 마그마가 계속해서 고여 있게 되면서 엄청나게 커졌습니다! 이대로 두면 마그마의 압력이 감당할 수 없을 정도로 커져 폭발하고 맙니다!"

"이것도 미션의 일부인 건가?"

"글쎄… 그렇다고 하기엔 너무 위험하지 않아…?"

개구리 왕자와 산적은 귓속말로 조용히 속닥거렸다.

"지질 활동을 연구했던 땅 공장이라면 화산 대피소쯤은 있지 않나요?"

벙커를 둘러보던 와트가 질문을 던졌다. 공장장은 무전기 버튼을 누르더니 홀로그램을 띄우고 고개를 저었다.

"이 정도 규모는… 아르카디아 행성 전체를 덮을 겁니다. 아르카디아의 지각은 10여 개의 판으로 이루어져 있는데 이번 화산 폭발로 모든 판들의 경계를 건드려 엄청난 지진과 추가적인 화산 활동이 발생할 겁니다. …운이 좋아 살아남는다 해도 화산재로 인해 생태계가 무너지겠죠…."

"그럼 우린 어떻게 되는 거냐, 밤바!"

"블롭! 블로옵―!"

"내 운빨 25%가 여기까지였나…!"

"자, 거기까지! 늘 해결 방법은 있어요. 요르문간드를 움직이게 하면 됩니다. 간단하잖아요?"

바로 그때, 용병단 뒤쪽에서 나는 또랑또랑한 목소리가 웅성거리는 벙커 안을 잠잠하게 만들었다. 운빨용병단은 뒤를 돌아 그 목소리의 주인공을 보았다. 폭탄 머리에 연구원 가운을 입은 모습이 마치 닥터 펄스와 쌍둥이 아닌가 의심할 정도였다.

닥터 펄스

"제 소개를 하죠. 제 이름은 지니! 과학자죠."

"앗, 당신은 아르카디아의 과학자…!"

"네, 공장장님. 아르카디아라면 제가 아주 빠삭합니다!"

어느새 지니 박사는 용병단을 지나쳐 맨트리 공장장 곁으로 다가와 홀로그램을 뚫어져라 쳐다보고 있었다.

"우리 땅 공장도 지진파를 이용해 요르문간드를 움직이게 하려고 여러 번 시도해 봤습니다. 하지만 효과가 없었지요."

"그것만으로는 부족하죠! 직접 깨워야 합니다!"

"구조적으로 우리 모두가 타는 건 무리야."

와트는 스피어 바깥쪽에서 엄지를 **척** 들어 보였다. 아이언미야옹은 창 너머의 와트를 향해 냥냥 펀치를 마구 날렸다.

[아아~ 여기는 지니 박사~!]

[공장장 맨트리입니다! 잘 들리십니까!]

스피어 내부에 있는 스피커에서 지니 박사와 맨트리 공장장의 목소리가 크게 울렸다. 밤바와 드래곤, 아이언미야옹은 소리가 들린다는 듯 세차게 고개를 끄덕였다.

[나, 지니 박사와 공장장님이 스피어의 원격 조정을 할 거니까 너무 걱정하지 말아요~! 그리고 무전기로 소통해요!]

[다만 아르카디아의 미래가 여러분 손에 달렸다는 점도 잊지 마세요—!]

"엄청 부담을 주고 있다, 밤바!"

"럭큐브 행성에 이어서 아르카디아의 운명도 우리 손에 달렸다니… 엄마아… 힝."

밤바와 드래곤은 안전 벨트를 착용하며 나지막이 구시렁거렸다. 아이언미야옹도 안전 벨트를… 응?

"미야~옹!"

스피어 안쪽이 **번쩍**하고 빛나더니 아이언미야옹이 슈트 착용을 한 채 위풍당당하게 서 있었다.

"우리 모두 준비 완료다, 밤바! 어서 출발하자!"

순식간에 변신한 아이언미야옹의 모습에 깜짝 놀라 뒤로 넘어질 뻔한 지니 박사를 랜슬롯이 부축했다.

"괜찮으십니까, 박사님!"

"아… 네네! 잠깐 놀랐습니다. 그간 수많은 기이한 현상을 봐 왔지만, 저런 변신은 본 적이 없었거든요…!"

지니 박사는 안경을 고쳐 잡으며 스피어 원격 조종대를 이리저리 조작했다.

"그나저나 땅 공장 연구원도 아니신데 어떻게 그렇게 아르카디아 행성 구조에 대해 잘 알고 계신가요?"

맨트리 공장장은 스피어의 외관을 점검하며 물었.

저희 고조할아버지가 과거 죽음의 행성이었던 아르카디아를 다시 생명체가 살 수 있는 곳으로 바꾼 과학자 중 한 명이셨어요.

대대손손 물려받은 연구 기록이 있어서 아르카디아의 역사나 구조에 대해 잘 알고 있었죠.

"언제 출발하냐, 밤바! 이러다 화산 터지겠다!"

"블롭~ 블로옵~!"

"블롭! 유리창에 바짝 붙어서 인사하면 안 돼! 네 몸의 끈끈이가 창에 붙는다고!"

와트가 겨우 블롭을 떼어 내어서야 스피어의 모든 점검이 마무리되었다.

"스피어는 아르카디아 재건기의 유산입니다! 지하 탐사와 운반을 위해 개발된 물건이죠. 견고한 건 말할 것도 없고요! 그러니 고장 날 일은 없을 겁니다!"

맨트리 공장장과 지니 박사는 스피어 문을 **통통** 치며 밤바, 드래곤, 아이언미야옹을 향해 손을 흔들었다.

[멋쟁이 고양이와 용! 그리고 목소리가 큰 전사! 힘내시길!]

[우리의 땅 공장! 그리고 아르카디아의 미래를 위해!]

"목소리가 큰 전사? 그거 드래곤 너 말하는 거냐, 밤바!"

"…그럴 리가 있나용."

밤바는 마치 안전벨트처럼 아이언미야옹을 단단히 붙들어 맸고, 드래곤은 살짝 겁이 나는지 주먹을 움켜쥐었다.

[그럼 카운트다운과 함께 출발합니다! 5! 4! 3~!]

부웅一!
쿠구구구구구

"긴장해서 타이밍을…. 그래도 무사히 도착했습니다…."
맨트리 공장장은 머쓱하다는 듯이 원격 조종대를 만지작거렸고, 그 와중에 와트는 스피어의 위치가 보이는 스크린을 바라보며 눈을 반짝거렸다.

"…운빨 왕국인가? 엄마~!"
"미야오… 먀먀…."
"여기는 밤바! 드래곤과 아이언미야옹이 이상하다!"
큰 충격과 함께 움직임을 멈춘 스피어 안에서 밤바는 드래곤과 아이언미야옹의 몸을 흔들며 정신을 차리게 도와줬다.

스피어 문을 열자마자 모든 생명체를 태워 버릴 것 같은 열기가 **후끈**했다. 평범한 사람이라면 견디지 못할 정도의 열풍과 압력이었다. 하지만 여기에 있는 이들은….

"아, 시원한 빙수가 먹고 싶다. 밤바."

"먀먀먀~!"

"뭐랄까? 내가 알에서 부화하기 전에도 이런 온도를 느꼈었던 것 같은데…."

다행히(?) 다들 평온하게 손부채질을 하며 앞으로 나아가고 있었다. 이마에 땀이 송골송골 맺히긴 했지만….

그도 그럴 것이 밤바는 신비의 푸른 액체를 마셔서 이미 평범한 사람의 범주에서 벗어난 몸이었으며, 아이언미야옹은 슈트를 입은 상태였고, 드래곤은 랜슬롯의 검에서 뿜어져 나오는 불꽃 열기에 의해 알을 깨고 나왔기 때문이다.

[여기는 지니 박사! 들리면 대답해 주세요~!]

"여기는 밤바! 잘 들린다!"

밤바의 손에 들린 무전기에서 카랑카랑한 지니 박사의 목소리가 들렸다. 동굴과 같은 공간이라 그 목소리는 아주 넓게 울려 퍼졌다.

[역시 해낼 줄 알았어요! 보통 사람이라면 잿더미가 되었을 수도 있는데~! 멀쩡하신 것만으로도 50% 성공입니다!]

"잿더미가 될 뻔한 건데 우릴 보냈던 거야?"

드래곤은 심기가 불편하다는 듯 날개를 퍼덕였다.

"엄연히 말하면 랜슬롯이 우릴 태운 거다, 밤바!"

[난 동료를! 그리고 우리 운빨용병단을 믿었다! 라고 전해 달라고 하시네요~!]

"먀먀먀…! 먀먀먀먀먀먀!"

"그런데 이대로 앞으로 가기만 하면 요르… 문도… 요 뭐시기가 나오냐, 밤바!"

[여긴 맨트리! 그대로 조금만 더 가면 요르문간드가 나옵니다! 도착하면 요르문간드가 어떤 상태인지 보고를….]

지지직- 지직~ 뚝-.

무전기 너머 맨트리 공장장의 말이 끊겨서 들리기 시작하더니 이윽고 무전기는 **지지직**거리며 전원이 꺼졌다.

"…우리 이대로 여기에 갇히는 거냐, 밤바…."

"미야옹?"

"어라? 얼른 여기로 와 봐!"

선두로 전진하고 있던 드래곤이 갑자기 걸음을 멈추고 짧은 다리를 쭉 뻗어 앞쪽을 가리켰다.

불덩이 속 끓어오르는 마그마에서 거대한 곡선의 형태가 서서히 드러났다.

"요르문간드…!"

요르문간드. 그것은 마치 큰 뱀과 같았다. 바라보고만 있어도 엄청난 위압감이 느껴질 정도로 거대한 크기였다.

하지만 그 존재감이 무색해질 정도로 요르문간드는 마그마에 몸을 담근 채 조용히 잠들어 있었다. 주변의 마그마가 **부글부글** 끓고 불꽃이 **활활** 일어나는데도 말이다.

"…대체 저 리본은 뭐야? 안 어울려!"

"귀엽다, 밤바! 엄청 귀엽다!"

드래곤의 말처럼 -어딘가 어울리지 않게- 요르문간드의 머리에는 빨간색 거대한 리본이 둘러져 있었다.

"그런데 우리 미션이 요 뭐시기를 깨우는 거였냐, 밤바!"

"먀먀먀먀…!"

아이언미야옹이 밤바의 손에 있는 무전기를 다시 작동시키려는 듯 **톡톡** 쳤다. 하지만 무전기에서는 아무런 소리도 나지 않았다.

"상황이 급하니 일단 깨우자!"

드래곤은 요르문간드를 향해 한 발짝 한 발짝 조심스럽게 걸어갔다. 드래곤이 가까이 다가갈수록 요르문간드가 얼마나 큰지 느껴졌다. 용병단에서 가장 덩치가 큰 드래곤이었지만, 요르문간드와 비교했을 때 요르문간드의 콧구멍만했다.

한편 땅 공장 지하 벙커에서는….

스피어 쪽 통신이 끊긴 지 15분 째.

경계경보가 울렸을 때보다 벙커 안은 더욱 분주했다. 맨트리 공장장은 스피어 원격 조종대를 바쁘게 조작하고 있었고, 지니 박사는 조종대에 달린 계측기 근처에서 무전기의 수신 상태를 점검했다.

"밤바랑 드래곤, 아이언미야옹은 무사하겠죠? 네?"

산적은 정신없이 조종대를 손보고 있는 공장장에 물었다.

"지금 당장은 괜찮을 겁니다. 하지만 시간이 지체되면 그곳에 있는 마그마가 지표로 분출하게 되면서… 친구분들은 대피할 수조차 없게 됩니다…."

충격적인 공장장의 말에 용병단 일행은 몸이 굳어졌다.

"그뿐 아니라 초거대 화산이 분출하면서 용암이 모든 마을을 뒤덮겠죠. 이번 분출은 아르카디아 판의 경계와 기존 생태계를 완전히 바꿀 거예요."

공장장은 모니터에 가상의 폭발 장면을 띄웠다.

"아르카디아 행성이 생겨난 이후, 오랜 기간에 걸쳐 관찰한 데이터로 지진이나 화산 활동을 대비할 수 있었죠. 하지만 화산 폭발로 인해 아르카디아 행성이 완전히 새로워지면… 모든 것이 예측 불가능해져 재난에 대비할 수 없게 됩니다."

용병단은 모니터를 보며 그 어느 때보다 간절히 빌었다.

"모두들… 요르문간드를 깨우고 무사히 돌아와야 해!"

아이언미야옹의 귀여운 울음소리도, 드래곤의 우렁찬 목소리도, 밤바의 매우 시끄러운 비명도 요르문간드의 단잠을 깨우진 못했다. 그 셋은 끊이지 않고 소리를 지르느라 점점 목청이 갈리고 쉬고 있었다.

구구구구구- 쿠구구구구-

"이게 무슨 소리냐, 밤바!"
"곧 있으면 화산이 폭발할지도 몰라…! 어쩌지!"
"먀옹? 먀먀먀!"
바로 그때 아이언미야옹이 **부웅** 날아올라 요르문간드의 리본 위에 **착!** 착지했다.

"거, 거기서 내려와! 아이언미야옹!"
"미야미야~ 미야옹!"
단호하게 고개를 **도리도리** 저으며 아이언미야옹은 손으로 리본을 **톡톡** 쳤다. 그 모습을 본 밤바와 드래곤은 식겁하며 아이언미야옹을 데리고 오기 위해 요르문간드의 머리 위로 올라갔다.

"네가 아무리 귀여워도 이런 짓은 하면 안 된다, 밤바!"
"그래, 아이언미야옹! 요르문간드도 지금 짜증나서 우리를 쳐다보고… 응?"

 눈을 반쯤 뜬 요르문간드는 자신의 머리 위에 올라와 있는 밤바, 아이언미야옹, 드래곤을 치켜뜨고 보고 있었다.
 "아, 안녕하냐! 밤바! 사실 지각 아니다! 속여서 미안하다!"
 "…같은 레드 드래곤족인가요? 전 드래곤이라고 해요. 엄마는 날 용용이라고 불러용."
 "먀오먀오먀오…."

크르르릉….

 하지만 요르문간드는 계속 눈만 끔뻑~끔뻑할 뿐 힘없이 누워 있었다. 그 모습은 흡사 몸살을 앓는 환자와 같았다.
 "일어났는데 움직일 생각을 하지 않는다, 밤바."
 "그래도 우리가 눈을 뜨게 했어!"

"맞다…! 바로 그거다, 밤바!"

밤바는 **우하하하하!** 웃더니 요르문간드 리본의 매듭을 만지기 시작했다!

"으잉? 그러다 요르문간드가 화를 내면 어떡해!"

"아까 우리가 리본을 건드려서 요르문간드가 깬 거다! 그러니 이게 원인일지도 모른다, 밤바!"

"먀먀~! 먀먀먀!"

아이언미야옹과 밤바 그리고 드래곤은 **낑낑** 요르문간드의 큰 리본 매듭을 풀기 시작했다. 하지만 매듭이 워낙 단단하게 묶여 있어 셋이 힘을 합쳐도 쉽게 풀리지 않았다.

용병단 셋이 자신의 머리 위에서 난리 법석을 떨고 있는데도 요르문간드는 여전히 눈을 반쯤 뜨고 가만히 있었다.

쿠구구구구…!

"으아아아아아아! 제—발!"

　요르문간드의 머리에서 떨어진 리본은 팔랑거리며 마그마에 떨어져 흔적도 없이 녹아내렸다. 리본이 풀리자마자 요르문간드의 눈빛에 생기가 돌았고 곧바로 힘차게 고개를 들었다. 그 바람에 밤바와 아이언미야옹, 드래곤은 지면으로 떨어졌지만.

　요르문간드는 거대한 몸을 일으키더니 혀를 날름거리며 그 셋을 내려다보았다. 그리고 그들에게 고개를 꾸벅 숙였다. 마치 자신을 도와줘서 고맙다고 인사하듯이….

"고맙긴 뭘~ 괜찮다, 밤바! …으잉?"

갑자기 요르문간드가 밤바와 아이언미야옹, 드래곤에 가까이 다가오더니 입을 **와앙** 벌렸다.

"여, 역시! 리본이 답은 아니었나 봐! 엄마야~!"

울음을 터뜨린 드래곤은 아이언미야옹을 꽉 끌어안았다.

요르문간드가 용병단 셋의 얼굴 앞까지 점점 다가오더니….

휘익~!

요르문간드는 자신의 긴 혀로 용병단 셋의 몸을 휘감아 들어 올렸다. 그리고 **스르륵** 몸을 움직이더니 그들이 타고 온 스피어 앞에 조심스럽게 내려놓았다.

"고… 고맙습니다."

울음을 뚝 그친 드래곤은 요르문간드에게 꾸벅 인사했다.

"여긴 위험하니까 그만 가라는 것 같다, 밤바! 고맙다!"

밤바와 드래곤, 아이언미야옹은 스피어에 다시 올라탔다. 안전벨트를 매고 있을 때 무전기에서 다시 소리가 들려왔다.

[여기는 지니 박사! 모두들 무사하세요?]

"무사하다, 밤바! 요르문간드가 움직이기 시작했다~!"

[네! 움직임이 포착되었습니다! 이제 땅속은 요르문간드에게 맡기고, 여러분이 땅 공장으로 올 수 있게끔….]

하지만 무전기 속 지니 박사의 말이 미처 끝나기도 전에….

꼬아아아아악~

요르문간드는 자신의 거대한 꼬리를 휘둘러 농구공처럼 스피어를 위쪽으로 **뻐~엉!** 던졌다. 덩크~ 슛!
"고맙지만 이런 건 사양한다. 밤~바!"
"잘 지내, 요르문간드~!"
"먀먀먀먀먀~!"

스피어는 요르문간드가 있던 곳으로 내려왔을 때보다 10배는 더 빨라진 속도로 위로 솟아올랐다. 아주 순식간이었지만 드래곤은 요르문간드가 스피어를 던지고 나서 곧바로 이동하는 것을 보았다. 분명 거대한 마그마로부터 자신들을 그리고 아르카디아 행성을 지켜주기 위해 바쁘게 갔으리라.

그리고 요르문간드 덕분에 운빨 용병단은 예상했던 시간보다 훨씬 더 빨리 재회할 수 있었다.

"무사히 돌아와서 다행이야…!"

벙커에 있던 용병단과 땅 공장 연구원들의 환영을 받으며 밤바와 드래곤, 아이언미야옹은 스피어에서 내렸다. 동시에 멀리서 들려오던 경계경보도 해제되었다.

"요르문간드가 움직이면서 마그마를 해결하고 있어요…!"

맨트리 공장장은 안도의 한숨을 쉬며 용병단에게 다가왔다.

"요르문간드를 대체 어떻게 움직이게 한 거죠? 또 어떻게 스피어로 여기까지 올라온 건가요!"

눈을 엄청나게 반짝거리며 지니 박사가 물었다.

"우리 이야기를 좀 들어 봐라, 밤바! 어떻게 된 거냐면…."

운빨 UP 과학 UP ③

#판 구조론 #판의 경계

3장 학습 영상

지구는 살아 있는 퍼즐, 판 구조론!

지구는 딱딱한 껍질 같은 **지각**과 **맨틀**의 위쪽 부분을 포함한 '**판**'으로 덮여 있어. 지구는 10여 개의 큰 판과 여러 개의 작은 판으로 이루어져 있지. 이 판들은 가만히 있는 것이 아니라 아주 천천히 움직여. 지구 내부의 열이 고체인 맨틀의 일부분을 녹여 흘러 움직일 수 있도록 만들어 **대류 현상**을 일으켰기 때문이야. 이렇게 **판의 운동으로 지권의 변화를 설명하는 것이 바로 판 구조론**이야. 판이 움직이면서 근처의 다른 판과 충돌하거나 멀어지면서 경계를 형성하는데, 이를 **판의 경계**라고 불러. 이 경계 근처에서 ***화산 활동**이나 ***지진**이 발생하고, 특징적인 지형이 만들어져.

▶지구를 구성하는 여러 개의 판이 궁금하다면 84쪽으로 이동!

▲판의 구조

판의 두께는 대략 100km야.

교과연계 초등 4-1 땅의 변화
중학 2 지권의 변화

***화산**: 땅속에 있던 마그마가 지구의 표면으로 분출하면서 만들어진 지형.
***지진**: 지구 내부에서 작용하는 힘이 영향을 주어 땅이 흔들리는 현상.
***지진대**: 지진이 자주 발생하는 지역.
***화산대**: 화산 활동이 자주 일어나는 지역.

지진은 지구 내부의 힘에 의해 발생한 충격으로 땅이 흔들리는 현상이다, 밤바.

판의 경계

맞닿아 있는 두 판의 이동 방향에 따라 수렴형 경계, 발산형 경계, 보존형 경계로 나뉜다.

▶지형 사진이 궁금하다면 138쪽으로 이동!

종류	판의 움직임	결과	발견 장소
① 수렴형 경계(충돌형)	두 대륙판이 서로 부딪힌다.	판이 가라앉지 않고 높이 솟아올라 산맥이 생긴다. 지진이 자주 발생한다.	알프스-히말라야 산맥
② 수렴형 경계(섭입형)	해양판과 대륙판이 부딪혀 밀도가 큰 해양판이 대륙판 아래로 들어간다.	물의 깊이가 깊은 해저 골짜기(해구)가 생긴다. 화산 활동과 지진이 활발하게 일어난다.	일본 *해구, 페루-칠레 해구, 안데스산맥
③ 발산형 경계	두 판이 서로 멀어진다.	마그마가 올라와서 새로운 지각이 만들어진다. 화산과 지진이 자주 발생한다.	동태평양 *해령, 대서양 중앙 해령, 동아프리카 *열곡대
④ 보존형 경계	두 판이 스치며 어긋나게 움직인다.	지진이 활발하게 일어나지만 화산 활동은 거의 일어나지 않는다.	미국 산안드레아스 단층

* **해구**: 폭이 좁고 매우 깊은 수심에 있는 해저 골짜기.
* **해령**: 깊은 바다 밑에 산맥 모양으로 솟은 지형.
* **열곡대**: 폭이 좁고 깊은 V자 모양의 골짜기가 길게 이어진 지형.

화산 활동은 땅속의 마그마가 지각을 뚫고 분출하는 것을 말해.

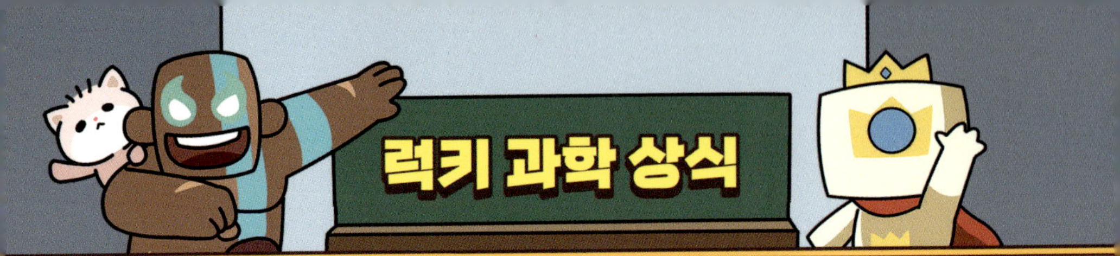

럭키 과학 상식

지구의 위험한 비밀, 불의 고리

Q 뉴스를 보면 지진과 화산 활동이 특정 지역에서만 일어나. 일본, 대만, 미국 알래스카 같은 곳 말이야! 왜 그러지?

A 이 지역들은 태평양을 빙 둘러싸고 하나의 띠처럼 연결되어 있어. 이것을 환태평양 조산대라고 해. '불의 고리'라고도 불러.

환태평양 조산대

유라시아 판
북아메리카 판
아라비아 판
코코스 판
인도 판
필리핀 판
아프리카 판
태평양 판
카리브 판
나스카 판
남아메리카 판
오스트레일리아 판
남극 판
스코티아 판

무서워!

A 환태평양 조산대에서 지진과 화산 활동이 많은 이유는 이곳이 판의 경계에 속하기 때문이야! 인접한 판과 판이 만나 서로 부딪히거나 멀어지면서 지각 변동이 일어나는 거다, 냥!

◀화산 분출로 나오는 용암

지진으로▶ 인한 피해

땅 공장에 긱웨이트가 나타난 것은 요르문간드가 움직이기 시작한 날로부터 3일 후였다. 거대한 마그마는 요르문간드의 활약으로 잠잠해졌지만 그렇다고 해서 아르카디아 곳곳에서 일어나는 화산 폭발이나 지진을 아예 막을 수는 없었다.

"그래도 아르카디아의 멸망은 막았잖아요. 그것만으로도 충분히 활약했습니다."

긱웨이트 앞에서 어깨를 축 늘어뜨린 운빨용병단을 향해 맨트리 공장장은 밝은 목소리로 말했다.

"그래! 요르문간드도 힘을 내고 있으니 우리도 힘내서 다음 미션하러 가야 한다, 밤바!"

밤바는 큰 소리로 외치며 자신의 바지 주머니에서 주사위 두 개를 꺼내 드래곤에게 건넸다.

"자, 드래곤! 고생했으니까 이번엔 네가 던져라!"

"좋아! 내 운빨을 가득 담아 던져 보겠어! 모두가 힘을 낼 수 있도록~!"

"6과 6! 제일 높은 숫자야!"

가라앉았던 운빨용병단의 분위기는 드래곤이 던진 주사위 덕분에 에너지가 넘치기 시작했다. 하지만….

"어라? 이거 힘들지도요…."

지니 박사는 고개를 갸웃거리며 주사위를 가리켰다.

"혹시 주사위의 눈이 어떤 걸 의미하는지 모르시나요?"

"보드게임이니까 앞으로 몇 칸 가야 하는지에 대한 의미가 아닙니까?"

땅바닥에 떨어진 주사위들을 집어 들며 랜슬롯이 말했다.

"제가 알기로는 다음 마을 미션의 난이도를 뜻해요! 가끔 아닌 경우도 있지만… 보통은 그렇다는 거죠!"

일반적인 보드게임이라면 주사위를 굴려서 나온 눈의 수만큼 칸을 이동하지 않았던가!

하지만 아르카디아 행성의 룰은 그렇지 않았다니….

운빨용병단은 아르카디아에 도착해서 주사위를 던졌을 때를 잠시 회상했다. 처음으로 개구리 왕자가 던져서 나온 주사위 1과 1, 아이언미야옹이 쳐서 나온 주사위 5와 6, 무인도에 가기 전 랜슬롯이 던졌던 주사위 2와 2… 그리고 보니 무인도에서는 2와 2를 더한 4 즉, 4일을 머물렀었지… 하면서.

"원~래의 아르카디아라면 그랬겠지만 현재 아르카디아가 이상해져서 난이도도 뒤죽박죽일지 몰라요. 그리고 여러분이라면 난이도 상관없이 잘 해내실 거고요!"

지니 박사는 환하게 웃으며 와트에게 무전기를 건넸다.

"나중에 럭큐브 행성으로 오시거든 그때 말씀드려 보죠! 나, 와트 박사와 이미지가 겹치긴 하지만~!"

"좋습니다! 럭큐브 행성도 꼭 가 보고 싶군요~!"

와트와 지니 박사는 씨익 웃으며 작별의 악수를 나누었다.

"럭키 과학자들의 가호가 있기를…!"

"럭키…? 무슨 과학자죠?"

"아르카디아의 멸망을 막은 위대한 일곱 과학자요! 저희 고조할아버지가 계셨던…!"

자랑스러운 듯 지니 박사는 어깨를 으쓱였다.

"럭키라… 아르카디아도 럭큐브와 비슷한 면이 있었네요!"

와트의 말을 끝으로 운빨용병단은 지니 박사와 맨트리 공장장, 땅 공장 연구원들에게 인사를 하며 주사위가 만든 문을 향해 걸어 들어갔다.

운빨용병단이 도착한 곳은 공중, 정확히 말하면 구름 위였다. 구름과 구름이 이어져 있었고, 운빨 왕국과 비슷하게 생긴 커다란 성과 높은 탑을 받치고 있는 커다랗고 두꺼운 구름에서는 물줄기가 **콰과과과광** 힘차게 뿜어 나오고 있었다.

"블롭블로오옵~♪"

구름의 느낌이 좋았는지 블롭은 연신 콧노래를 불렀다.

"내가 살았던 대자연에도 이런 곳은 없었다, 밤바!"

"럭큐브로 가져가서 연구를 해 봐야겠어!"

와트는 호기심을 이기지 못하고 용감하게 청소기를 켜 바로 발아래 구름을 빨아들였다.

"그때 광물 노인이 말했었지. 척박했던 아르카디아에 물을 공급했다고. 아마 여기에서 나오는 물로 아르카디아를 번성하게 한 것 같군."

랜슬롯은 자신의 검이 일으키는 불꽃에 구름이 증발하기라도 할까 봐 검집에 검을 서둘러 넣으며 말했다.

처음에는 구름 위를 걷는 느낌이 이상해 조심스럽게 한 발짝 내딛는 운빨용병단이었지만, **몽글몽글**하고 푹신한 느낌에 몸이 가벼워지는 기분이 들어 블롭을 시작으로 모두가 구름 다리 위를 신나게 뛰어다녔다.

…구름 다리 끝에 수많은 부상자들을 보기 전까지 말이다.

　부상자들이 가리킨 하늘에는 귀여운 사람 얼굴을 했지만 몸통은 날개가 있는 새인 생명체가 날아다니고 있었다.

　"미션을 진행하려면 저기 보이는 탑, '**9.8 타워**'로 가야 하는데 하피가 던지는 돌 때문에 가까이 갈 수가 없어요!"

　"듣기로는 원래 하피들이 관광객을 도와주는 역할이라고 들었는데… 갑자기 왜 이렇게 난폭해졌는지 모르겠다고요!"

　부상자들은 공중에서 **깍깍**거리는 하피를 노려보며 말했다.

"공중전은 우리한테 맡겨 주시라!"

드래곤과 아이언미야옹은 **훌쩍** 날아 하피들에게 다가갔고, 구름 위에 있는 나머지 용병단 일행들은 탑을 향해 달려갔다.

겁도 없이 다가오는 운빨용병단을 보고 놀란 하피들은 허둥지둥 움직이며 손에 쥔 작은 돌을 떨어뜨리고 말았다.

"하핫! 겨우 작은 돌로… 아얏! 밤바 이마 너무 아프다!"

"작은 돌이지만 중력을 받게 되면 충격이 커진다고!"

중력 현상에 대해 설명해 주고 싶은 와트였지만 상황은 그렇게 여유롭지 않았다.

그런데 그때 개구리 왕자가 돌을 피하다 그만 구름을 헛디디고 말았다!

그런데 놀랍게도 구름 다리 아래 폭포로 떨어질 뻔한 개구리 왕자를 구한 것은 다름 아닌 하피였다. 하피는 개구리 왕자를 조심스럽게 다시 구름 다리 위에 내려놓았다! 그리고 아무 일도 없었다는 듯 자신들의 무리로 돌아갔다.

"이, 일단 계속 9.8 타워를 향해 가자!"

숨죽인 채 잠시 움직임을 멈췄던 운빨용병단은 랜슬롯의 말을 듣고 다시 타워를 향해 달려갔다. 하피들은 더 이상 던질 돌이 없는지 용병단 위의 상공을 빙~빙 돌기만 했다.

그때 갑자기—

휘이잉—

 운빨용병단을 향해 포물선을 그리며 날아온 것은 작은 돌이 아닌 쇠구슬이었다! 쇠구슬은 타워의 창문에서 대포알처럼 발사되고 있었다.
 "이건 하피가 던진 게 아니야! 탑에서 날아온 거야!"
 드래곤은 날아오는 쇠구슬을 아슬아슬하게 피하며 구름 위에서 뛰고 있는 용병단에게 주의를 주었다. 하피들은 어쩔 줄 몰라 하며 아이언미야옹의 주위를 맴돌았다.

　와트가 자신의 궁극기인 방출 모드로 범위 내 쇠구슬에 2000% 마법피해를 준 덕분에 탑 입구에서 매섭게 떨어지던 쇠구슬은 **팅! 팅!** 튕겨져 나갔다.

"이 틈에 얼른 타워로 들어가자—!"

　와트의 방출 모드는 강력한 공격력을 가진 대신 제한 시간이 있었기 때문에 와트는 뒤를 돌아 뒤쫓아 오던 용병단 일행을 향해 소리를 질렀다. 개구리 왕자, 랜슬롯, 밤바, 블롭 그리고 산적은 타워 입구를 향하여 힘껏 달렸고 드래곤과 아이언 미야옹은 2층 창문으로 **슈웅—** 들어갔다.

"쿨럭… 이 장면, 어디서 많이 본 장면이지…?"

맨 마지막으로 들어온 산적이 땀투성이가 된 이마를 **슥슥** 팔로 문지르며 숨을 골랐다.

"블… 블로옵… 블롭블롭…."

"그래도 타워 안쪽은 바깥보다 훨~씬 평화롭네…!"

개구리 왕자의 말처럼 타워 내부는 조용했다. 마치 방금 전에 일어났던 일들은 모두 다른 세계의 일로 느껴질 만큼….

"이 정도의 난이도라면 차라리 매지션이랑 싸우겠다, 밤바!"

"먀먀먀먀!"

"그래도 와트가 활약해 준 덕분에 우리 모두 무사히 타워로 들어올 수 있었다. 고맙다, 와트."

랜슬롯은 아직까지도 **헉헉**거리며 정신을 못 차리고 있는 와트의 등을 가볍게 토닥거렸다.

운빨용병단은 계단을 오르며 잘못 작동했던 대포를 다시 원래 상태로 돌려놓았다. 타워 바깥에서 그 모습을 바라본 하피는 더 이상 관광객을 향해 작은 돌을 던지지 않았다.

"근데 왜 여긴 9.8 타워냐, 밤바!"

[그건 말이죠~! 중력이 작용하는 아르카디아와 지구는 똑같이 행성 표면에서 가속도의 크기가 물체의 질량에 관계없이 약 9.8 ㎨ 이기 때문이죠! 그 타워는 자유 낙하 운동을 배우는 곳이랍니다~!]

"으악! 깜짝이야!"

와트의 주머니에 있던 무전기에서 어디선가 많이 듣던 목소리가 들려왔다.

[어머! 미안해요~! 몰래 들으려고 한 건 아니었어요. 다만 다친 곳 없이 잘 진행하고 있나 궁금해서 연락드렸어요! 그래도 벌써 9.8 타워까지 갔군요!]

지니 박사의 목소리는 여전히 밝고 카랑카랑했다.

"하피가 관광객에게 작은 돌을 던지고 있었어요."

와트의 뒤에 있던 산적이 무전기에 대답했다.

[하피가요? 그럴 리가 없는 친구들인데…!]

"여긴 랜슬롯! 타워에서 쇠구슬이 날아와 관광객이 다칠 것 같아 하피들은 나름의 경고 신호를 보낸 것 같습니다."

[타워 바깥으로 쇠구슬이 발사되도록 작동하진 않을 텐데…. 그 타워에서는 *연직 방향으로 작용하는 중력만 체험해서 포물선 방향으로 쇠구슬을 쏘진 않거든요…!]

지니 박사는 잠시 숨을 고르더니 천천히 말을 꺼냈다.

[확실히 요르문간드를 리본으로 묶어 괴롭힌 자와 동일한 범인일지도 몰라요. 우린 우리대로 조사를 해 볼 테니 운빨용병단 여러분은 몸 조심하면서 미션을 해결해 나가세요!]

"네, 알겠습니다―!"

[아! 그리고 그 타워에 날아다니는… **지지직 뚝―.**]

통신 상태가 좋지 않았는지 무전기는 다시 꺼졌다. 용병단은 눈을 끔뻑거리다 다시 힘차게 계단을 오르기 시작했다.

그런데 그때….

"엄청 빠른 벌레가 지나갔다, 밤바!"

"브브브브브블로오옵…!"

개구리 왕자가 혓바닥을 내미는 순간…! 빠르게 날아다니던 벌레는 그만 개구리 왕자의 이마와 충돌하고 말았다! 개구리 왕자는 충격으로 몸이 **휘청** 기울었지만 다행히 계단에서 떨어지진 않았다.

"개, 개구리 왕자—!"

*연직(鉛直): 중력의 방향. 실에 추를 달아 늘어뜨릴 때 실이 나타내는 방향.

운빨용병단은 모두 개구리 왕자 곁으로 모였다. 블롭은 치료를 해 주고 싶어서 자기 몸의 일부를 떼어 내 이마의 상처에 붙여 주려고 했으나 때마침 개구리 왕자가 **펄쩍** 일어났다.

"괜찮냐, 밤바!"

"벌레가 아니었어…! 분명 돌이었다고오—!"

"하지만 하피는 이제 돌을 던지지 않는다."

랜슬롯은 개구리 왕자 주변에 돌이 있는지 **두리번두리번** 살펴보았다. 만약 벌레면 이 정도 충돌에 살아남지 못할 것이라 생각하면서….

"미야옹~ 먀먀먀옹!"

"아이언미야옹이 뭘 가지고 놀고 있는데…."

아이언미야옹이 무엇인가를 발로 **톡톡** 치는 것을 본 산적은 아이언미야옹이 또 치기 전에 잽싸게 손을 뻗었으나….

휘이이이이잉잉—!

"떨어졌다, 밤바!"

"미야옹미야옹~!"

"큰 벌레였겠지, 뭐."

"아니이~! 분명히 둔탁한 돌이었다니까아~!"

용병단은 억울해서 **팔짝팔짝** 뛰는 개구리 왕자를 뒤로 하고 마저 계단을 올라가려고 하는데….

아이언미야옹이 떨어뜨린 정체불명의 비행 물체는 **파앗!** 하고 힘차게 날아올라 말을 하기 시작했다. 그것은 벌레도, 돌도 아니었다. 아니 물론 외관상 돌에 가까웠지만 돌에 작은 날개가 붙어 있었고 눈과 입이 달린 생명체였다!

"…하피?"

"감히 나를 하피랑 비교하다니…!"

"…규소 마을 암석 말벌?"

"무엄하도다! 아주 혼쭐을 내 줘야겠어! 이야야얍―!"

"미안합니다. 내 잘못입니다."
날개 달린 돌은 운빨용병단에 둘러싸여 얌전히 - 정확히는 산적이 가지고 있던 낡아 빠진 밧줄에 몸이 묶인 채- 앉아 있었다.

"그것보다 제 뒤에서 침을 뚝뚝 흘리며 입 벌리고 있는 초록 슬라임 좀 치워 주시겠어요?"

"블롭! 먹으면 안 된다!"

랜슬롯이 겨우 블롭을 진정시켰다.

"돌멩이 넌 어째서 우리를 공격했냐, 밤바!"

"돌멩이가 아니라 '**리빙스톤**'! 이름이 있다고!"

…리빙스톤, '살아 있는 돌멩이'라는 이름 그대로였다.

"그래, 리빙스톤. 왜 우릴 공격했어?"

리빙스톤의 날개를 여기저기 살펴보며 또 다른 의미로 입맛을 다시는 와트였다. '아르카디아에는 놀라운 생명체가 많아… 내 연구소로 데려가고 싶다….'라고 중얼거리면서….

"그냥 놀려 주고 싶었어…. 관광객이 워낙 타워로 오지 않다 보니까 내 존재감도 사라지고 있었거든."

리빙스톤은 입을 **쭈~욱** 빼물더니 곧 시무룩해졌다.

"이 모든 게 다 탈로스, 그 녀석 때문이야!"

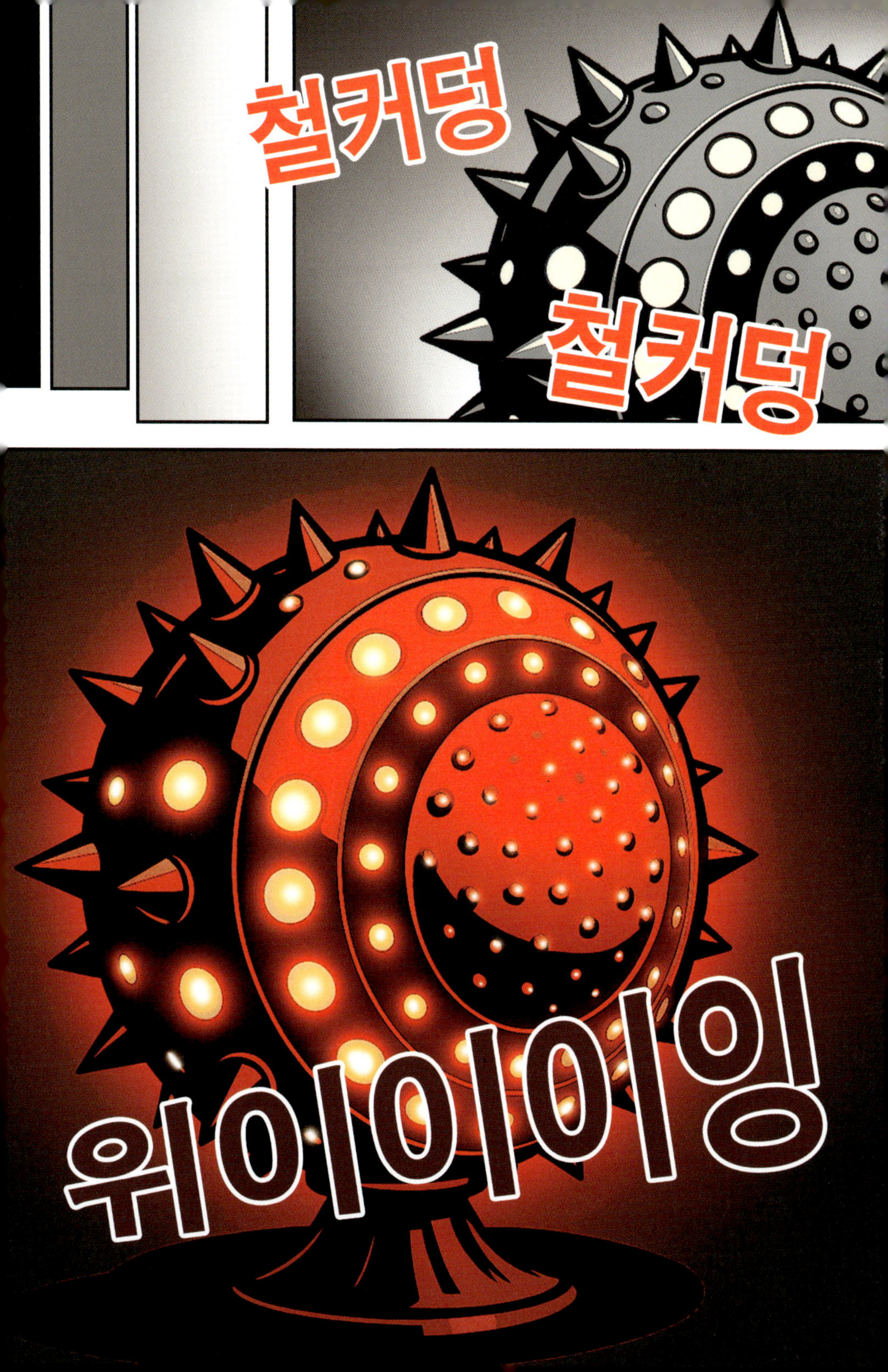

철커덩

철커덩

위이이이잉

운빨 UP 과학 UP ④

#역학 시스템 #중력 #자유 낙하 운동

4장 학습 영상

힘과 역학 시스템

지구에 있는 물체 사이에는 여러 가지 힘들이 작용하며 서로 영향을 주고 있어. 여기에서 ***힘은 물체의 모양, 방향, 속력을 변화시킬 수 있는 원인**을 말해. 힘의 종류에는 중력, 탄성력, 마찰력, 부력 등이 있지.

이러한 힘에 의해 물체의 **운동 질서**가 유지되는 체계를 **역학 시스템**이라고 해.

교과 연계) 중학 1 힘의 작용

*힘은 물체에 힘을 주는 지점(작용점), 힘의 크기와 방향에 따라 물체의 모양이나 속력, 운동 방향이 다르게 나타난다. 힘의 크기를 나타내는 단위는 N(뉴턴).

서로 잡아당기는 힘, 중력

역학 시스템에서 가장 중요한 역할을 하는 힘은 **중력**이야. 흔히 우리가 아는 중력은 **지구가 물체를 끌어당기는 힘**을 말하지만, 넓게는 **질량이 있는 모든 물체들이 서로 잡아당기는 힘**을 말해. 지구의 중력이 엄청 커 다른 중력을 관찰하기 어려운 거야.

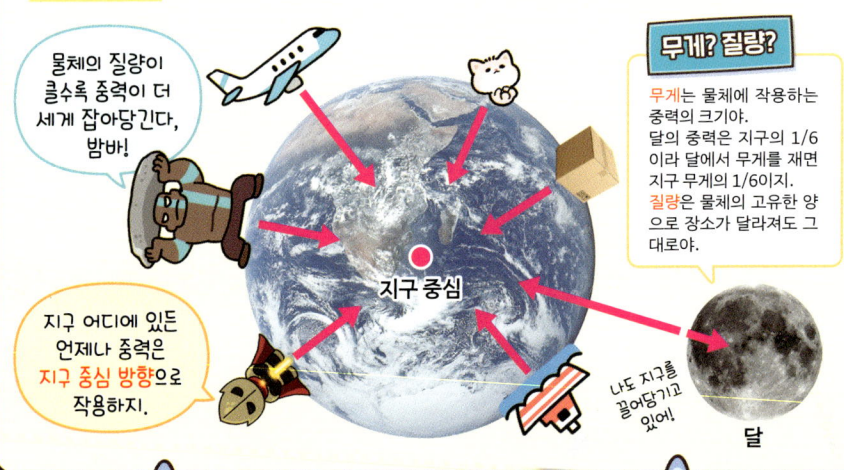

물체의 질량이 클수록 중력이 더 세게 잡아당긴다, 밤바!

지구 어디에 있든 언제나 중력은 **지구 중심 방향**으로 작용하지.

무게? 질량?

무게는 물체에 작용하는 중력의 크기야. 달의 중력은 지구의 1/6이라 달에서 무게를 재면 지구 무게의 1/6이지.
질량은 물체의 고유한 양으로 장소가 달라져도 그대로야.

나도 지구를 끌어당기고 있어!

달

오직 중력만! 자유 낙하 운동

지구에는 공기가 있어서 공중에서 떨어지는 물체는 공기와의 마찰(=공기 저항)과 중력의 영향을 받게 돼. 만약 공기의 저항을 받지 않는다면 떨어지는 물체에는 중력만 작용하겠지! 이렇게 중력만 받으면서 떨어지는 운동을 자유 낙하 운동이라고 해. 쇠구슬과 깃털 하나를 떨어뜨려 자유 낙하 운동에 대해 자세히 설명해 줄게!

공기가 있을 때

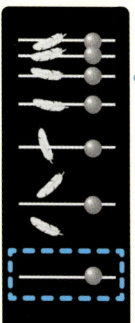

깃털이 쇠구슬보다 천천히 떨어진다!
깃털은 가벼운 무게와 넓은 면적 때문에 쇠구슬보다 공기의 방해(공기 저항)를 많이 받아. 그래서 깃털이 훨씬 천천히 떨어져.

공기가 없을 때

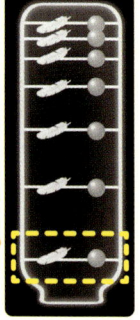

깃털과 쇠구슬은 동시에 떨어진다!
공기가 없을 때 쇠구슬은 더 큰 중력을 받는 대신 무거워서 천천히 움직이고, 깃털은 작은 중력을 받는 대신 가벼워서 금방 움직여. 결국 이 둘은 동시에 떨어지게 되는 거야.

중력 가속도 상수 9.8

낙하하는 물체가 점점 빠르게 떨어지는 것처럼 시간당 속도가 변하는 양을 가속도라고 해. 그리고 쇠구슬이든 깃털이든 지구 표면에서 자유 낙하 운동하는 모든 물체는 매초 9.8 ㎧의 일정한 속도로 증가하는데, 이 9.8을 중력 가속도 상수라고 불러.

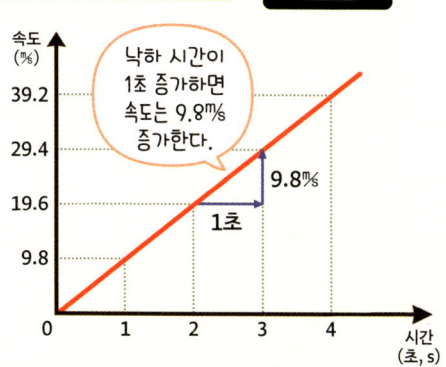

낙하 시간이 1초 증가하면 속도는 9.8㎧ 증가한다.

속력? 속도?

속력=일정 시간 동안 이동한 거리
속도=일정 시간 동안 위치 변화량

속력은 단순한 빠르기를, 속도는 운동 방향과 빠르기를 나타내.

교과 연계 초등 6-1 물체의 운동
중학 1 힘의 작용
중학 3 운동과 에너지

*속력: 같은 시간 동안 물체가 이동한 거리로, 이동 거리÷걸린 시간으로 구할 수 있다. 단위는 ㎧ 등.
*중력 가속도: 자유 낙하 운동을 하는 물체의 가속도 크기인 9.8 ㎧.

럭키 과학 상식

인공위성의 진실

지구 안의 모든 물체는 중력에 의해 아래로 떨어져. 그렇다면 지구 바깥은 어떨까? 지구 주변을 공전하는 달이나 인공위성도 우리와 마찬가지로 중력의 영향을 받고 있어. 그런데 아래로 떨어지지 않고 어떻게 떠 있는 걸까? 시간을 아주 많이 거슬러 올라가 1687년 영국의 물리학자이자 수학자, 천문학자인 **아이작 뉴턴(Isaac Newton)**은 모든 물체가 서로 잡아당기는 힘이 있다는 것을 발견했어. 이것을 만유인력의 법칙이라고 불러. 우리는 그 힘을 '중력'이라고 부르지. 그래서 나무에서 사과가 떨어지는 것도, 인공위성이 지구 주위를 도는 것도 결국 이 중력 덕분이라고 할 수 있어.

뉴턴의 *사고 실험

▲뉴턴(Newton, 1642~1727)

높은 산꼭대기에서 대포알을 수평 방향으로 점점 더 세게 쏠수록 중력의 영향을 받아 아래로 계속 떨어지기는 하지만 지구가 둥글기 때문에 땅에 닿지 않고 지구 주위를 원운동 할 수 있다!

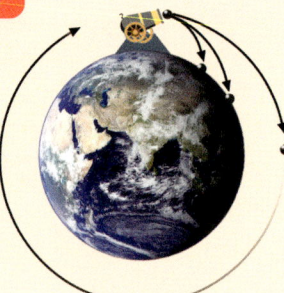

*생각한다는 의미의 '사고(思考)'로 머릿속에서 상상하여 한 실험을 말해.

원운동은 말 그대로 물체가 원의 궤도를 일정한 속력으로 움직이는 운동을 말해. 우리가 실에 공을 묶어 빙빙 원으로 돌리는 것과 비슷해. 이렇듯 지구 주위를 도는 인공위성은 지구 중심 방향으로 중력의 영향을 받으면서 원운동을 하기 때문에 떨어지지 않고 지구를 계속 돌 수 있는 거야!

중력

- 중력이 없을 때의 위치
- 중력 때문에 아래로 떨어진 거리

같은 시각 땅 공장 연구실.

요르문간드의 활발한 움직임으로 땅 공장 연구원들은 모두 바쁘게 움직였다. 맨트리 공장장의 진두지휘 아래 모든 작업이 정상적으로 복구되고 있었다.

"공장장님, 제가 도울 건 없을까요?"

땅 공장에 남아 아르카디아의 내부를 연구하던 지니 박사가 잠시 기지개를 켜며 일어났다.

"괜찮습니다, 박사님! 원래 저희가 해 오던 일인 걸요~! 그나저나 용병단과는 다시 연락이 닿습니까?"

"…아니요. 여러 가지 방법으로 시도를 해 봤지만 통신이 잘 끊기네요."

대답 없는 무전기를 바라보던 지니 박사는 고개를 저었다.

"그들을 믿고 우리가 할 수 있는 일을 하는 것밖에요."

"그건 그렇고 박사님! 혹시 럭키 과학자 중 한 분인 고조할아버지께선 어떤 분야의 실력자셨던 겁니까?"

지니 박사는 잠시 먼 곳을 응시하더니 자신의 주머니에서 낡은 수첩을 꺼내며 입을 열었다.

"저희 고조할아버지께선 **아르카디아 지질학자**셨어요. 아르카디아 내부의 물리적 상태와 화학적 성분을 밝히셨죠! 그리고 요르문간드를 최초로 만난 인간이기도 해요!"

"그래서 요르문간드에 대해 관심이 많으셨군요!"

"하지만 요르문간드에 대해 그렇게 자세히 기록해 놓진 않으셨어요…. 혹시라도 나쁜 세력이 요르문간드에 대해 잘 알게 되면 악용할지도 모르니까요."

지니 박사는 수첩 사이에 끼워진 사진을 꺼내고 말을 이었다.

고조할아버지의 친구이자 과학자 동료였던 물리학자가 있으셨대요.

그분 덕분에 아르카디아가 고리타분한 행성에서 재미있는 보드게임 관광 행성으로 되었다고 하더라고요.

아! 저도 들어 본 것 같습니다! 하지만 행방불명이 되었다죠…. 럭키 과학자들이 지금의 아르카디아를 보면 어찌나 실망을 하실런지….

"이 밧줄 좀 풀어 주면 내가 안내해 줄게!"

"블롭블로옵~!"

블롭은 이빨로 **잘근잘근** 리빙스톤의 밧줄을 끊었다.

"으으… 아무튼 잘 따라오라고!"

리빙스톤은 작디작은 날개로 침을 **탈탈** 털어 내며 용병단의 앞에 나섰다.

"넌 이 타워에서 미션을 안내해 줬었어?"

리빙스톤 바로 뒤에 바짝 붙어 걷는 산적이 물었다.

"원래 역할은 그랬지! 그리고 아르카디아의 역학 시스템에 대한 설명을 할 때 내가 직접 시범을 보였다고~!"

신이 난 듯 리빙스톤은 몸을 흔들거리며 날았다.

"날개를 접고 공기 저항을 최소화했을 때랑, 날개를 펼쳐서 공기 저항을 만들어 조금 더 느리게 날아갈 때를 비교해서…."

"무슨 소리냐, 밤바!"

"일단 한번 들어 보자고."

높은 타워를 오르는데 지쳐서 분위기가 **추욱—** 늘어지는 것보다 누군가라도 **재잘재잘** 떠들며 가야 힘이 날 것 같다고 판단한 랜슬롯이었다.

"그리고 탈로스랑 나랑 환상의 짝꿍이었는데, 탈로스가 공기를 없애 주면 내가 깃털이랑 똑같이 아래로 떨어져서~!"

"…잠깐만! 그러면 탈로스가 네 친구였어?"

와트는 마지막 창문의 대포를 수리하다 깜짝 놀라 물었다.

"친구였지! 누가 더 빠른가 내기도 했었고! 다만 지금은…."

"블로옵…."

블롭도 럭큐브에 있는 자신의 친구 **베인**이 생각이 났는지 잠시 시무룩해졌다.

왕국은 걱정 마!
어둠에 빠진 자들을
사냥하는 중이야.

무중력 상태가 되자 계단을 걷고 있던 운빨용병단의 몸이 허공에 **둥둥** 떠다녔다. 계단에서 벗어나 타워의 중앙으로 이동이 되자 용병단은 각자 팔과 다리를 휘저으며 몸의 중심을 겨우 잡았다. 하지만 원하는 방향으로 쉽게 나아가지 못했다.

만약 이대로 무중력 상태가 중력 상태로 바뀐다면….

"비겁한 탈로스—! 가까이 오지 못하게 막으려고…!"

유일하게 무중력 상태에 영향을 받지 않는 리빙스톤은 용병단을 하나하나 벽 쪽 계단 위로 밀어 주려고 했으나, 작은 몸집의 리빙스톤에겐 무리였다.

바로 그때—!

"블로오오옵~!"

블롭은 한껏 공기를 들이마셨다가 **푸욱** 하고 강하게 불었다. 그 반동에 블롭의 몸은 천천히 밤바를 향해 이동하기 시작했다. 그렇게 블롭은 밤바, 랜슬롯, 개구리 왕자, 산적의 순서대로 그들을 벽 쪽으로 밀었다. 그 모습을 본 와트는 자신의 청소기를 작동시켜 스스로 몸을 움직였고 드래곤은 날갯짓으로, 아이언미야옹은 슈트의 엔진을 이용해 벽 쪽으로 움직였다.

운빨용병단 모두가 다시 계단 위에 **두둥실** 떠다니고 있을 때…!

투—웅!

무중력 상태는 다시 중력 상태가 되어 공중에 떠다니던 운빨용병단은 계단 위로 곤두박질을 쳤다.

"으, 허리야…. 블롭이 아니었다면 저~기로 떨어졌겠지."

개구리 왕자가 끙끙 앓으며 타워의 중앙 바닥을 **힐끗** 쳐다보았다.

"블롭~ 블롭~♪"

"모두 무사해서 다행이다~!"

리빙스톤은 용병단의 곁으로 다가와 안도의 한숨을 내쉬었다.

"탈로스라는 녀석… 공기뿐 아니라 이런 식으로 아르카디아 행성의 중력을 조절할 수 있는 거야?"

오늘 하루 동안 엄청난 무리를 한 자신의 청소기 상태를 살펴보며 와트가 물었다. 다행히 청소기는 무사했지만….

"그렇진 않아! 여기 9.8 타워 주변의 중력만 제어할 수 있어! 다행히 이렇게 한 번 중력을 조정하고 나면 다음 번 조정 시간까지는 여유가 있는 편이야!"

"우리도 궁극기 쓸 때 시간이 걸리는 거랑 비슷하다, 밤바!"

"…그러니 우리도 그 틈에 얼른 탈로스를 만나러 가야겠군."

뒤집어졌던 망토를 반듯하고 바르게 펴며 랜슬롯이 말했다.

"흐음~ 그리고 역시 우리는 운빨 좋~게 그 녀석이 있는 곳 바로 앞에 도착한 것 같아~!"

어느새 계단 끝까지 올라간 산적이 가리킨 곳에는 동그랗고 거대한 철문이 있었다. 문의 한 가운데에는 펀치 기계의 샌드백 쿠션 같은 것이 있었고 문 옆에는 반짝거리는 기둥이 세워져 있었다.

"여기까지 걸어 올라오려면 한~참 걸렸겠지만 탈로스가 우릴 위로 띄워 준 덕분에 금방 왔네~!"

생소한 문의 형태를 보며 호기심이 생긴 와트가 뒤이어 계단을 올라왔다.

"탈로스! 나, 밤바가 가만두지 않겠다!"

밤바가 손잡이처럼 보이는 철문 중앙 부분의 쿠션을 힘껏 잡아당겼다. 그러나 철문 위에 쌓인 먼지조차도 털리지 않을 만큼 철문은 꼼짝도 하지 않았다.

"후후…."

"개, 개구리 왕자…?"

"이런 건 내 전문이지!"

자신만만한 표정으로 용병단 앞에 나서는 개구리 왕자였다.

"이래 봬도 이 몸은 럭큐브 행성의 제4면이자 경쟁과 오락을 사랑하는 곳인 '게임 랜드' 출신!"

개구리 왕자는 **폴짝폴짝** 뛰어 철문 옆에 서서 침착하게 말을 이었다.

※개구리 왕자의 상상입니다.

"개, 개구리 왕자가 웬일로…!"

그럴듯한 개구리 왕자의 말에 운빨용병단 모두는 입을 모아 감탄했다. 블롭과 아이언미야옹은 각자의 소리로 감탄했지만.

"그럼 내가 다시 해 보겠다, 밤바!"

밤바는 펀치를 하기에 앞서 몸을 풀었다.

"히야아아압…!"

드래곤 역시 강하게 펀치를 날렸지만 밤바의 점수와 비슷하게 나와 점수 미달로 철문이 열리지 않았다. 혹시나 하는 마음에 산적, 와트, 블롭, 아이언미야옹, 개구리 왕자, 랜슬롯까지 모두 한 번씩 시도해 보았지만 모두 점수 미달이었다.

"미야오오옹…!"

"안 돼, 아이언미야옹! 여기에 레이저 블레이드를 쏘게 되면 문은 열리겠지만 타워 전체가 무너질 수도 있다고…!"

산적은 스킬을 쓰기 위해 몸을 회전하려는 아이언미야옹을 붙잡았다.

"좋아, 협동 공격이다!"

펀치 쿠션을 어루만지던 랜슬롯이 뒤를 돌아 용병단 일행을 향해 단호하게 말했다.

"한 명만 펀치를 하라는 법은 없지. 그러니 우리가 힘을 합치면 일정 점수를 넘길 수 있을 거다."

"랜슬롯 말이 맞아! 바로 시도해 보자고~! 각자 위치로!"

와트의 지휘 아래 운빨용병단은 철문 바로 앞에 옹기종기 모여 각자 주먹을 **꽉** 쥐고 팔을 **쭈욱** 뻗었다. 다만 혹시라도 다시 무중력 상태가 될 것을 염려해 블롭은 옆에 서 있었다.

리빙스톤은 비장한 운빨용병단의 모습을 보며 생각에 잠긴

듯 아무 말없이 날고 있었다.

"모두 준비됐냐, 밤바!"

"운빨용병단, 준비 완료! 하나… 둘… 펀치―!"

띠로띠로띠로리~🎵

경쾌한 음악 소리와 함께 점수판의 칸은 순식간에 300을 넘어 500 그리고 1,000점을 향해 치솟기 시작했다!

"제발… 제바알~!"

용병단은 모두 두 손을 모아 간절한 마음으로 점수판을 바라보았다. 칸은 800까지 올라갔고 그대로 멈췄다. 하지만….

점수 미달! 점수 미달! 게임 오버~!

"800점이 점수 미달이라니… 이건 너무하잖아!"

드래곤은 인상을 찡그리며 **방방** 날뛰었다.

"아니, 완~전 희망이 있다는 얘기야!"

"와트?"

"이 정도 힘에 800점이었다면… 펀치 기계에 힘이 작용하는 시간을 길게 한다면 충격량이 커져서 1,000점은 거뜬해!"

와트는 씨익 웃으며 철문으로부터 멀리 떨어지기 시작했다.

"이곳에서부터 힘차게 달려 나가 보자고~!"

1,000점! 점수 달성! 통~과!

"해, 해냈다—!"

점수판의 칸은 1,000점까지 채워졌고 굳게 닫혀 있던 철문은 **철커덩** 소리와 함께 열리기 시작했다.

"세상에… 1,000점 만점에 1,000점이 나왔어…."

리빙스톤은 눈을 비비고 점수판을 뚫어져라 쳐다보았다.

"어때? 이 와트 박사의 지식이? 그건 말이지 운동량하고 충격량이라는 건데…."

와트는 어깨를 들썩이며 철문을 열었다.

"탈로스! 너 자꾸 이럴 거야?"

리빙스톤은 붉은빛을 뿜어내는 가시 돋친 구체인 탈로스를 향해 말을 걸었다. 운빨용병단은 여전히 의문인 상태로 그저 가만히 그 둘을 지켜보았다.

"우린 한때 최고의 팀워크로 9.8 타워에 온 관광객을 즐겁게 했잖아…! 기억 안 나는 거야?"

우우웅―.

"서로 소통하고 있는 게 맞아…?"

"쉿! 엄청나게 진지한 장면이니까 가만히 있어."

와트는 개구리 왕자가 중얼거리자 어깨를 **툭툭** 쳤다.

"뭐어―? 난 너가 없어도 최고로 높이 날고 빠르게 떨어질 수 있거든?"

우우웅우우웅―!

탈로스와 리빙스톤은 서로 말싸움이라도 하는지 탈로스는 붉은빛을 깜빡거렸고 리빙스톤은 날갯짓을 요란스럽게 했다.

"뭐…? 1만 km…?"

그때 갑자기 리빙스톤은 탈로스로부터 거리를 두더니 사색이 된 얼굴로 운빨용병단을 바라보았다.

"탈로스가… 자신의 온 힘을 써서 중력을….."

"그게 무슨 소리냐, 밤바!"

운빨 UP 과학 UP ⑤

#관성 #운동량 #충격량

5장 학습 영상

현재의 운동 상태를 그대로! 관성

멈춰 있던 버스가 갑자기 출발하면 몸이 뒤로 쏠리고, 앞으로 움직이던 버스가 갑자기 멈추면 몸이 앞으로 쏠리는 경험을 해 봤을 거야. 정지해 있는 버스는 계속 정지하고, 앞으로 달리고 있던 버스는 계속 움직이고 싶어 했기 때문이야.

이처럼 물체에 상호작용하는 힘이 없을 때 물체는 현재의 운동 상태를 유지하려는 성질이 있는데 이를 관성이라고 해.

정지해 있던 버스가 갑자기 출발할 때

달리던 버스가 갑자기 멈출 때

물체의 운동을 비교할 때? 운동량

운동량은 운동하는 물체가 얼마나 세게 움직이고 있는지를 나타내는 양이야. 물체의 질량이 클수록, 속도가 빠를수록 운동량은 커져.

$$운동량(kg·m/s) = 질량(kg) \times 속도(m/s)$$

	질량	속도	운동량
 걷는 코끼리	크다.	느리다.	크다.
 뛰는 코끼리	크다.	빠르다.	매우 크다.
걷는 거북이	작다.	느리다.	작다.

내가 운동량이 크니까 아이언미야옹 너는 괜찮다!

물체가 받은 충격의 정도는? 충격량

충격량은 물체에 힘이 작용할 때 물체가 받은 충격의 정도를 말해. 두 물체가 충돌할 때의 힘이 클수록, 힘이 작용하는 시간이 길수록 충격량이 커져.

충격량(N·s) = 힘(N) x 힘이 작용한 시간(s)

충격량을 이해하면 충돌에 의한 사고를 막을 수 있어! 같은 충격량을 받더라도 물체가 충돌하는 시간(힘이 작용한 시간)을 길게 하면 물체가 받는 힘의 크기가 작아지는 거지. 이렇게 충돌 시간을 늘려 충돌하는 동안 받는 힘을 줄이는 안전장치가 많아.

▲자동차의 에어백

▲공기안전매트

자동차가 충돌해서 갑자기 멈추면 운전자는 관성 때문에 몸이 앞으로 튕겨 나가 크게 다칠 수 있어. 이때 에어백을 이용해 충돌하는 시간을 길게 할 수 있어.

화재와 같은 재난 상황이 발생했을 때 지상에 설치하는 에어매트야. 높은 건물에서 뛰어내릴 때 충돌 시간을 길게 해서 충격을 작게 하는 인명 구조 장치야.

운동량과 충격량의 관계

가만히 있는 축구공의 운동량=0

발로 세게 찼다! ⟶ 큰 힘
발로 밀면서 찼다! ⟶ 긴 시간
축구공이 날아간다! → 운동량이 생겼다!

힘X시간 =충격량

힘X시간

즉, 물체가 받은 충격량만큼 물체의 운동량은 변한다!

충격량 = 운동량의 변화량

럭키 과학 실험

🧪 빨대 바람총의 충격량

 준비물: 빨대 3개, 휴지 3장, 가위

원주민들이 바람총을 훅! 불어 사냥하는 모습을 본 적 있을 거야. 이 바람총은 속이 빈 긴 대롱인데, 왜 길게 만들었을까? 그 이유는 바로 충격량 때문이야. 우리도 바로 실험해 보자!

① 빨대를 가위로 잘라 각각 **5cm, 10cm, 15cm의 길이**로 만들어 줘.

② 발사체인 휴지를 동그랗고 단단한 공 3개로 만들어 줘. 모두 똑같은 크기로 뭉쳐야 해.

자, 빨대 바람총 준비 끝이야! 휴지공을 각각의 빨대에 넣고 불 때 휴지공이 날아가는 거리를 비교해 보자.

> 휴지는 빨대 구멍에 들어갈 수 있는 크기로 잘 뭉쳐 줘야 해!

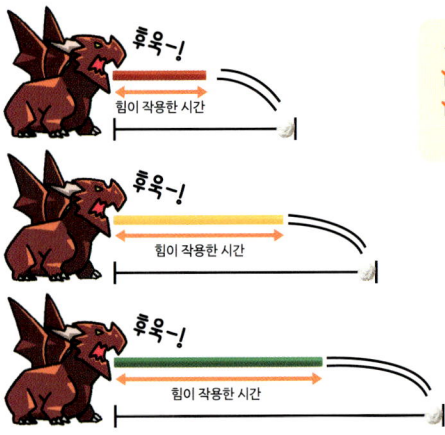

실험 시 꼭 지켜야 할 포인트!
- ☑ 휴지공은 빨대 불 입구 쪽에 넣는다.
- ☑ 길이가 다른 빨대로 세 번 불 때 모두 같은 세기로 분다.

탐구 결과
빨대의 길이가 길수록 휴지공이 더 멀리 날아간다.

 **결론**: 빨대가 길수록 힘이 작용한 시간이 길어져서 충격량이 커진다. 즉, 커지는 충격량만큼 휴지의 운동량 변화량도 커져서 더 멀리 날아간다.

충격량
= 힘 X 힘이 작용한 시간
= 운동량의 변화량

살아 움직이는 행성, 지구가 돌아가는 이야기

하나의 점에서 시작된 우주는 별의 탄생과 죽음을 거쳐 은하들로 가득한 오늘날의 우주가 되었어. 우리가 사는 지구는 우리 은하에 있는 태양계에 속한 행성으로 태양과 적정한 거리에 있어서 물이 액체 상태로 존재할 수 있게 돼. 이러한 물이 순환을 하는 덕분에 지구는 생명체가 살아갈 수 있는 생명의 행성이 되었지. 이처럼 지구는 태양계의 구성 요소이자 생명체를 포함한 여러 구성 요소들을 가지고 있는 하나의 시스템이야. 이를 지구시스템이라고 해. 지구시스템은 지권, 기권, 수권, 생물권, 외권으로 구성되어 있어. 이들은 태양빛을 받아 상호작용하지. 수권의 물이 증발해서 수증기가 되면 기권의 구름이 되고, 그 구름이 비나 눈이 되어 지권에 내리게 되는 거야.

지구 내부 에너지도 지구시스템에 큰 영향을 끼쳐. 지구는 여러 개의 판으로 이루어져 있는데, 판의 경계에서 판이 서로 부딪히고 멀어지면서 지진과 화산 활동이 활발히 일어나 지권의 변화가 일어나. 이러한 현상을 설명한 이론이 바로 판 구조론이야.

이러한 지구시스템의 구성 요소들이 상호작용하면서 질서 있게 유지되기 위해서는 여러 가지 힘이 필요해. 이를 역학 시스템이라고 하는데, 특히 지구상 모든 물체에 작용하는 중력은 가장 중요한 힘이야. 자유 낙하 운동은 중력만 받으며 아래로 떨어지는 운동인데 지구 중심 방향으로 힘이 작용하면서 1초에 약 9.8㎧만큼 일정하게 속도가 점점 증가하는 가속도 운동을 해. 이러한 발견은 물리학에서 중요한 개념으로 자리 잡게 되었지.

상호작용하는 힘이 없을 때 물체는 현재의 운동 상태를 유지하려고 하는데, 이러한 성질을 관성이라고 해. 하지만 물체가 힘을 받으면 충격량이라는 것이 생기고, 이 충격량으로 인해 운동량이 변하게 돼. 이러한 운동의 법칙을 이해하면 자동차의 에어백, 보호대 등 안전사고를 예방하는 데 도움이 되는 장치를 만들어 낼 수 있어.

운빨 퀴즈쇼

스피드 퀴즈

아래 질문을 읽고 1초 만에 정답을 체크하게.
1초는 너무 짧다고? 그럼 5초까지 주겠네.

Q1 하나의 큰 기능을 해내기 위해 서로 상호작용하는 구성 요소들이 모인 집단은?
① 시스템
② 교집합

운빨용병단?

Q2 기권의 구역 중 하나로 대류가 일어나지 않아서 안정적인 층은?
① 성층권
② 대류권

내가 다니는 하늘길이지~!

Q3 암석으로 이루어진 지구의 가장 바깥쪽 껍데기를 부르는 말은?
① 맨틀
② 지각

암석 든다, 밤바!

Q4 판의 경계에서 자주 발생하는 현상은?
① 밀물과 썰물
② 지진과 화산 활동

Q5 자유 낙하를 하는 물체가 가지는 중력 가속도 상수는?
① 7.8
② 9.8

Q6 운동하는 물체가 얼마나 세게 움직이고 있는지 나타내는 양은?
① 운동량
② 충격량

우다다다−

OX 퀴즈

맞으면 O 틀리면 X에 동그라미 치게나.
친구와 함께 묻고 답하면 더욱 재미있을 걸세.

Q1. 지구 시스템은 크게 5개의 구성 요소로 나눌 수 있다.

O   X

Q2. 기권은 외권, 열권, 중간권, 성층권, 대류권으로 구분한다.

기권은 지구를 둘러싼 공기층이지!

O   X

Q3. 지구는 단 하나의 판으로만 움직이고 있다.

O   X

Q4. 아래의 그림은 판의 경계 중 수렴형 경계이다.

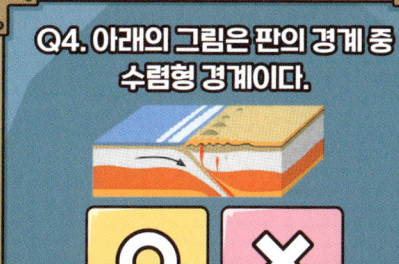

O   X

Q5. 물체의 질량 상관없이 중력의 크기는 똑같다.

O   X

Q6. 공기가 없을 때 깃털과 쇠구슬은 동시에 떨어진다.

O   X

숨은 단어 찾기

아래 퀴즈의 정답을 아래 칠판에서 찾아보게.
가로와 세로, 대각선으로 숨어 있다네!

눈	떠	보	니	토	지	중	력
하	자	도	서	판	구	조	론
증	기	유	펄	스	시	배	가
수	권	역	낙	화	스	트	속
발	넓	학	운	하	템	맨	도
산	이	우	동	단	운	별	성
형	충	격	량	타	르	동	현
경	계	선	대	박	불	행	석

반장: 랜슬롯
떠든 사람:
밤바, 블롭

힌트

지구에서 5가지의 구성 요소들이 서로 영향을 주고받는 것	판의 운동으로 여러 가지 지권의 변화를 설명하는 이론	물체가 중력만 받으면서 높은 데서 낮은 데로 떨어지는 운동	충돌한 물체가 받은 충격의 양으로, 힘과 힘이 작용한 시간의 곱한 값
ㅈㄱㅅㅅㅌ	ㅍㄱㅈㄹ	ㅈㅇㄴㅎㅇㄷ	ㅊㄱㄹ

용어 정리

*ㄱㄴㄷ순입니다.

관성(130p)
물체에 상호작용이 없을 때 현재의 운동 상태를 유지하려는 성질.

구름(35p)
공기가 지표면에서 하늘로 올라가면 온도가 낮아지면서 공기 중의 수증기가 응결해 작은 물방울이나 얼음 알갱이가 되어 하늘에 떠 있는 것.

기권(33, 35p)
지구를 둘러싼 공기층. 높이에 따른 기온 변화에 따라 대류권, 성층권, 중간권, 열권으로 구분한다.

대류(35p)
물질을 구성한 액체나 기체 입자가 직접 이동하면서 열을 전달하는 현상. 뜨거운 입자는 위쪽으로, 차가운 입자는 아래로 이동한다.

무게(108p)
물체에 작용하는 중력의 크기. 중력의 크기가 다른 곳에서 무게는 달라진다.

생물권(33, 52p)
사람, 동물, 식물, 미생물 등 지구에 사는 모든 생명체와 그들이 살고 있는 공간. 지권, 수권, 기권에 걸쳐 넓게 분포하고 있다.

속력(109p)
일정한 시간 동안 물체가 이동한 거리.
속력(m/s) = 이동 거리 ÷ 걸린 시간

수권(33, 35p)
바다, 강, 호수 등과 같이 지구에 있는 물이 있는 영역. 바닷물인 해수는 깊이에 따른 수온 변화에 따라 혼합층, 수온 약층, 심해층으로 구분한다.

역학 시스템(108p)
여러 가지 힘이 물체들 사이에 서로 영향을 미치면서 일정한 질서가 유지되는 체계.

외권(33p)
기권 바깥의 우주. 태양, 달, 별 등을 포함한다.

운동(108p)
물체의 위치가 변하는 것. 물체가 이동하는 데 걸린 시간과 이동 거리로 나타낸다.

운동량(130p)
운동하는 물체가 얼마나 세게 움직이고 있는지 나타내는 양.
운동량(kg·m/s) = 질량(kg) × 속도(m/s)

응결(54p)
기체 상태인 수증기가 액체 상태인 물방울로 변하는 현상.

자유 낙하 운동(109p)
중력만 받아 아래로 떨어지는 운동.

중력(108p)
지구가 물체를 끌어당기는 힘.

중력 가속도(109p)
자유 낙하 하는 물체가 시간당 변화하는 속도의 변화량. 1초에 9.8m/s씩 속도가 증가한다.

지구시스템(33p)
지구를 구성하고 있는 요소들이 서로 영향을 주고받는 시스템. 기권, 수권, 지권, 생물권, 외권으로 이루어져 있다. 지구계라고도 부른다.

지권(33, 53p)
지구의 딱딱한 겉면과 내부. 물질을 구성하고 있는 성분과 상태를 기준으로 지각, 맨틀, 외핵, 내핵으로 구분한다.

지진(82, 83, 84p)
지구 내부에서 작용하는 힘이 영향을 주어 땅이 갈라지거나 흔들리는 현상.

질량(108p)
물체의 고유한 양. 장소가 바뀌어도 그대로다.

충격량(131p)
물체가 받은 충격의 양. 운동량의 변화량과 같다.
충격량(N·s) = 힘(N) × 힘이 작용한 시간(s)

판 구조론(82p)
지각과 맨틀의 윗부분이 여러 조각으로 나뉘어진 판의 경계에서 판끼리 서로 부딪히거나 멀어지면서 지진과 화산 활동이 일어난다고 설명하는 이론.

화산 활동(82, 83, 84p)
땅속에 있던 마그마가 지각을 뚫고 땅 밖으로 분출하는 현상. 화산이 폭발하면 용암, 화산재, 화산 가스 등이 분출된다.

사진출처 위키피디아(34쪽, 36쪽, 52-53쪽, 84쪽, 108쪽, 110쪽, 131쪽, 138-139쪽),
게티이미지뱅크(32-36쪽, 44쪽, 49쪽, 52-54쪽, 82-83쪽, 131쪽, 138-139쪽), 셔터스톡(84쪽)

134~135p

스피드 퀴즈
Q1.① Q2.① Q3.②
Q4.② Q5.② Q6.①

OX 퀴즈
Q1.O Q2.X Q3.X
Q4.O Q5.X Q6.O

136p

지구시스템
판구조론
자유낙하운동
충격량

초판 1쇄 인쇄 2025년 10월 2일
초판 1쇄 발행 2025년 10월 23일

원작 | 운빨용병단 **감수** | 111퍼센트
글 | 알에스미디어 **그림** | 정수영 **과학 콘텐츠** | 대치동 솬쌤(김소환)

발행인 | 심정섭
편집인 | 문영
편집팀장 | 이주희 **편집** | 조영진
제작 | 정승헌 **출판마케팅** | 홍성현 장동철
디자인 | 디자인룩

인쇄처 | 에스엠그린
발행처 | ㈜서울문화사
등록일 | 1988년 2월 16일
등록번호 | 제2-484
주소 | 서울시 용산구 새창로 221-19
전화 | 02-799-9184(편집) 02-791-0756(출판마케팅)

ⓒ111Percent Co.,Ltd All rights reserved.

ISBN 979-11-7371-068-1
ISBN 979-11-7371-048-3(세트)

※본 제품은 111퍼센트 주식회사와의 정식 라이선스 계약에 의해
㈜서울문화사에서 제작, 판매하므로 무단 복제 및 전제를 금합니다.
※잘못된 제품은 구입처에서 교환해 드립니다.